KB042334

P A N
D E M I C

사피엔스와
바이러스의 공생

야마모토 타로 지음 | 한승동 옮김

코로나 시대에
새로 쓰는 감염병의 역사

S A P I E N S

메디치

KANSENSHO TO BUNMEI: KYOSEI E NO MICHI

by Taro Yamamoto

© 2011 by Taro Yamamoto

Originally published in 2011 by Iwanami Shoten, Publishers, Tokyo.

This Korean print edition Published 2020

by MEDICI MEDIA, Seoul.

by arrangement with Iwanami Shoten, Publishers, Tokyo.

Introduction Copyright © 2020 by Taro Yamamoto

코로나 대책본부에서 한국 독자들에게 보내는 편지

코로나19가 전 세계로 퍼지면서 결국 WHO도 팬데믹을 선포했습니다. 2020년 9월 중순까지 총 3,000만 명을 감염시킨 이 병은 선진국에서 개발도상국으로, 북반구에서 남반구까지 유행의 폭심지를 옮겨가며 온 지구를 헤집고 있습니다. 세계화 진전 이후 일본과 한국 모두 처음 경험하는 '감염병에 의한 생명의 위기'입니다. 세계는 그야말로 패닉에 빠져 있습니다.

그러나 바로 이런 때일수록 우리는 감염병과 인류의 역사, 더 자세히 말해서 우리가 만든 문명이 어떻게 감염병을 키워왔는지 직시할 필요가 있습니다.

인류는 감염병과 오래고도 새로운 역사를 가지고 있습니다. 약 1만 년 전, 수렵 채집으로 삶을 영위하던 인류가 농경을 시작하며 여러 야생동물을 가축화됐습니다. 이윽고 가축에서 시작되는 숱한 감염병이 출현했습니다. 천연두는 소, 홍역은 개, 인플루엔자는 오리가 갖고 있던 바이러스가 인간 사회에 적응한 끝에 퍼진 질병입니다.

위에서 인류와 감염병의 역사가 "오래고도 새로운"이라고 말한 이유가 있습니다. 인류의 오랜 역사(인류의 조상이 유인원과의 공통 조상에서 갈라져 나온 것이 약 500만 년 전이고 호모 사피엔스가 등장한 것은 약 15만 년 전입니다)를 생각하면 감염병과 우리가 함께해온 기간은 비교적 '새롭다'고 할 수 있지만, 1만 수천 년이라는 시간 그 자체를 생각하면 나름대로 꽤 긴 세월이라고 할 수 있기 때문입니다.

*

인간 사회에 정착한 감염병은 문명과 문명이 만나면서 전 세계로 퍼져나갔습니다. 새로운 문명의 만남은 때로 큰 비극을 불러왔습니다. 중세시대 페스트 대유행이나 콜럼버스의 '신대륙' 재발견 뒤 아메리카 원주민에게 퍼진 감염병, 그리고 1918~1919년에 세계를 휩쓴 스페인 독감 등이 그러한 비극의 역사입니다.

특히 콜럼버스가 '신대륙'을 재발견하고 그로 말미암아 아메리카 원주민들이 감염병으로 고통 받았던 일은 우리 인류에게 커다란 교훈을 안겨주었습니다. 감염병은 면역력을 가지고 있는 집단에게는 아무것도 아니지만, 면역력이 없는 집단에게는 민족과 국가를 소멸시킬 수 있는 재앙 그 자체라는 사실 말입니다.

실제로 아메리카 원주민은 유럽의 정복자들이 옮긴 감염병 앞에서 무참히 쓰러졌습니다. 유라시아 대륙에 살았던 유럽인들은 긴 역사 속에서 다른 문명과 질병을 교환하며 이미 많은 감염병을 겪었고 여러 질병에 면역력을 획득한 상태였습니다.

반면에 아메리카 대륙에 고립되어 다른 문명과 교류가 없었던 원주민들은 낯선 침입자가 가져온 감염병에 무방비했습니다. 고작 700명 남짓한 스페인인들이 수백만 명의 원주민을 정복할 수 있었던 요인은 총 같은 선진적인 무기보다 태생적으로 갖고 있던 감염병 면역력에 있었다고 해야 옳을 것입니다.

감염병과 인류의 관계를 결정적으로 바꾼 게 있습니다. 제2차 세계대전 이후 실용화된 항생물질과 백신입니다. 페니실린은 산욕열의 특효약이 됐습니다. 그리고 스트렙토마이신으로는 산업혁명 이후 많은 사망자를 내던 결핵을 치료하는 게 가능해졌습니다.

1950년 무렵부터는 바이러스를 발견하고 백신을 개발하는 기술이 비약적으로 발전했습니다. 난치병이던 폴리오(소아마비. 폴리오바이러스의 중추신경 감염으로 사지에 급성 이완성 마비가 생기는 병)에도 백신이 큰 효과를 발휘했습니다. 마침내 인류가 감염병을 정복할 날이 머지 않았다고 믿는 사람들이 점점 늘어났습니다. 그 희망이 정점을 찍은 게 1980년 WHO의 천연두 근절 선언이었습니다.

그러나 그것은 자연에 대한 인간의 오만을 상징하는 일이기도 했습니다.

*

1980년대 이후 세계화가 급속히 진행됐습니다. 인구가 증가하고 국제도시가 수없이 많아졌습니다. 사람과 물자의 대규모 이동은 과거 그 어느 때보다 신속하게 이뤄졌습니다.

하지만 그 과정에서 자연 생태계가 침범당했습니다. 기후변화로 열대우림과 그 안에 살던 야생동물의 서식지가 함께 줄어들었습니다. 바이러스는 본거지를 잃었습니다. 그 결과 바이러스는 자기 영역에 새로이 발을 들인 동물, 즉 인간에 적응하기 시작했습니다. 그 결과 등장한 것이 에볼라 출혈열과 에이즈, 사스(중증급성호흡기증후군), 코로나19 같은 새로운 감염병입니다.

인류는 과학의 눈부신 발전에 힘입어 백신과 치료제를 만들고 지구의 환경을 지배하는 종이 되었습니다. 하지만 동시에 예상치 못했던 곳에서, 생물에게, 처음 보는 바이러스를 옮겨와서 전 세계적인 혼란을 겪고 있습니다. 애당초 감염병이라는 것을 근절할 수 있기는 한 것인지, 그리고 근절해야만 하는 것인지 근원적인 의문마저 생깁니다.

《사피엔스와 바이러스의 공생》는 저 궁극적인 의구심에

답하고 싶다는 생각에서 쓴 책입니다. 한국 독자 여러분에게 이런 제 생각을 전하는 데 보탬이 될 수 있다면 이 책을 쓴 보람이 있을 것입니다.

마지막으로 덧붙이자면, 저는 한국어판 서문을 오키나와 섬 높직한 언덕 위에 있는 어느 호텔 방에서 쓰고 있습니다. 2020년 8월 셋째 주에 후생노동성의 의뢰로 오키나와현에 설치된 코로나19 대책본부의 총괄정보부로 파견되었기 때문입니다.

요나구니(与那国) 남해상에서 발생한 8호 태풍 바비가 야에야마(八重山) 제도를 덮쳤고, 곧 오키나와 본섬으로 접근한다고 합니다. 커튼을 젖히고 창밖을 내다보니 낮게 깔린 짙은 먹구름이 온 하늘을 뒤덮었고 굵은 빗줄기가 거리의 네온을 흐리고 있습니다.

비로 시야가 흐려진 거리를 바라보며 잠시 생각에 잠겼습니다. 제가 몸담고 있는 의학은 본디 사람의 '삶'을 떠받치기 위해 진보해왔지요. 하지만 수명을 가능한 한 연장하려는 몸부림이 역설적으로 '죽음'을 멀리하게 만든 것도 사실입니다. 사람은 결코 '죽음'에서 벗어날 수 없는 존재인데 말이지요. 이제 우리는 '삶과 죽음'의 관계, 아울러 자신이 생물로

서 서 있는 위치를 되돌아볼 시점에 도달해 있는 것은 아닌
가 하고 생각합니다.

　인간이 자연의 일부인 이상, 감염병은 사라지지 않을 것입
니다. 감염병과 어떻게 공생하고 어떻게 잘 어울리며 살아갈
것인가…. 그것을 다시 한번 고민할 필요가 있지 않을까요.

2020년 8월 24일

오키나와 호텔 하버뷰에서

나가사키 대학 열대의학연구소

야마모토 타로

차례

홍역, 섬을 집어삼키다

노르웨이와 아이슬란드 사이의 북대서양에는 오키나와섬들과 비슷한 면적을 가진 패로(Faroe) 제도가 있다. 덴마크 자치령인 이곳은 열여덟 개의 화산성 섬들로 이뤄져 있으며 총면적은 약 1,400제곱킬로미터이다. 사람들은 예나 지금이나 어업을 주산업으로 삼고 있다. 현재 인구는 4만8,000명을 조금 넘는데, 19세기 중반에는 고작 7,800명 정도의 주민들만이 이 섬에 살았다.

1846년, 패로 제도에서 홍역이 유행했다. 덴마크 정부는 이에 대응코자 의사를 파견하기로 결정했다. 의사의 이름은

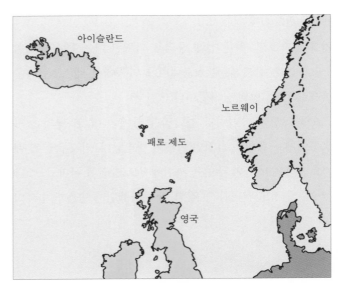

그림 1. 패로 제도의 위치 패로 제도는 본국 덴마크와 약 1,300킬로미터나 떨어져 있다. 이로 인해 유럽 대륙과 상이한 자연환경을 갖게 됐다.

피터 루드비그 파눔(Peter Ludvig Panum, 1820~1885). 당시 그의 나이 26세였다.

젊은 파눔은 정력적으로 일했다. 여러 마을을 돌아다니며 주민을 상대로 면접 조사를 했다. 누가 처음 마을에 홍역을 퍼뜨렸는지, 마을에 홍역을 퍼뜨린 사람이 어디에서 감염됐는지 등등. 파눔은 유행에 관한 상세한 기록을 남겼다.

유행에 관한 기록

기록에 따르면, 처음 섬에 홍역을 퍼뜨린 이는 1846년 6월 4일 고래를 잡기 위해 쇼르네비그 마을에서 베스트만하운 마을로 간 열 명의 남자들이라고 한다.

6월 18일에는 기침과 결막염 증상에 이어 열 명의 남자 모두에게서 홍역의 특징인 발진이 나타났다. 약 2주일 뒤 베스트만하운 마을의 주민들 사이에서도 발진이 나타났고, 다시 2주일 정도 지나자 첫 감염 때 무사했던 주민들까지 홍역

그림 2. 피터 루드비그 파눔 1846년 패로 제도로 파견된 젊은 의사 피터 루드비그 파눔은 홍역의 전파 경로를 상세히 추적해 기록으로 남겼다.

증세를 보였다.

42개의 마을을 조사함으로써 파눔은 감염원과의 접촉부터 증상이 나타날 때까지의 잠복 기간이 평균 10~12일이라는 것, 늦어도 발진이 나타나기 이틀 전에는 환자가 감염성을 갖게 된다는 것, 격리가 유행의 방지에 최종적으로 유효하지 않았다는 것, 65세 이상의 주민들 중 홍역 증세를 보인 사람은 없었다는 것, 패로 제도에서 최초로 홍역이 유행한 시기는 그로부터 65년 전인 1781년으로 그때 많은 사망자를 냈다는 것, 이번의 유행에서는 사망자가 그때만큼 많지 않았으나 7,800명의 주민 중 약 6,100명이 감염됐다는 것 등을 알아냈다.

파눔은 패로 제도의 자연과 풍토에 대해서도 기록했다. 황폐한 땅은 한여름에도 냉랭해 여름에도 난로 없이는 지낼 수 없었다. 바람이 세고 식생은 초본 위주로 수목은 거의 없었지만 바람이 그치면 깊은 정적이 흘렀다. 겨울엔 눈이 많았으며, 단색조의 우울한 풍경은 상쾌한 덴마크의 기후와 전혀 달랐다.

파눔의 보고서는 이듬해인 1847년에 발표됐다.

보고서를 토대로 그 땅에서 홍역이 유행한 과정을 재현해

봤다. 자세한 내용은 부록인 '홍역 유행 시뮬레이션과 집단 면역 실현 가능성'에서 다뤘다.

마지막까지 역병을 피한 이들

재현된 시뮬레이션에서는 7,800명의 도민 중 누구 하나 감염되지 않은 곳에 한 사람의 감염자가 오면서 병이 유행하게 된다. 시간과 함께 감염자 수는 늘어난다. 뒤를 이어 감염에서 회복돼 면역력을 획득한 사람의 수가 증가한다. 유행 개시로부터 약 30일이 지난 시점에서 병을 앓는 사람의 수는 900명을 넘어 정점에 도달한다. 정점에 도달한 뒤에는 집단 중에 감수성을 지닌 사람(즉, 면역력을 갖지 않은 사람)의 비율이 낮아지면서 유행이 약화된다.

이 계산에서는 최종적으로 약 6,900명이 감염됐고, 유행은 약 60일 만에 끝났다. 다만 유행의 어느 시점에서든 병을 앓는 사람의 비율은 전체 인구의 13퍼센트(1,000명)를 넘지 않았다. 가장 많을 때는 하루에 170명이 새로 감염됐는데, 그렇게 심한 유행에도 불구하고 약 900명은 마지막까지 감염을 면했다. 어떻게 900명이나 되는 사람이 감염을 피할 수 있었을까?

19세기 영국에서 천연두가 심각하게 유행할 때도 감염되지 않은 사람들이 있었다. 이에 대해 당시 가장 많은 지지를 받았던 가설이 '사람과 사람 사이의 감염이 되풀이되는 동안 천연두 바이러스의 감염성이 떨어진다'는 것이었다. 모든 사람이 감염되기 전에 유행이 끝나는 이유로 이 가설이 가장 그럴듯하게 들렸다.

그러나 모델 계산에 따르면, 반드시 병원체의 감염성이 약해져야만 유행이 끝나는 것은 아니다. 유행이 진행되면 될수록 감염성을 지닌 사람이 접촉하는 이들 중 감수성을 지닌 사람의 비율이 낮아지는데, 그것이 유행 종식의 주된 이유라는 사실이 밝혀졌다. 바꿔 말하면, 이미 감염된 사람이 마지막까지 감염되지 않은 사람을 지켜줬다고도 할 수 있다. 전문용어로 이것을 '집단면역'이라고 한다.

예컨대 홍역의 경우, 집단의 93퍼센트 이상이 면역력을 획득하게 되면 유행은 일어나지 않는다. 또 몇 차례 감염이 일어난다 해도 유행은 금방 끝난다. 패로 제도에 이를 적용하면, 7,800명의 주민 중에 7,254명이 면역력을 갖게 될 경우 설령 병원체가 섬에 들어오더라도 병은 유행하지 못한다.

패로 제도에서는 1781년에 홍역이 유행한 이후 1846년

그림 3. 집단면역의 원리

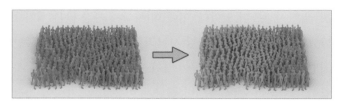

면역력이 없는 집단. 감염병이 빠르게 퍼진다.

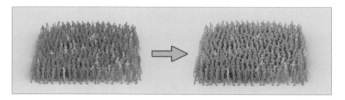

면역력을 가진 사람이 다소 있는 집단. 면역력을 가진 사람을 제외하고 감염병이 빠르게 퍼진다.

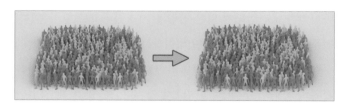

면역력을 가진 사람이 많은 집단. 병원체가 유입돼도 대부분 감염되지 않고, 면역력이 없는 사람까지 감염되지 않을 수 있다.

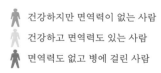

건강하지만 면역력이 없는 사람

건강하고 면역력도 있는 사람

면역력도 없고 병에 걸린 사람

까지 65년간 홍역의 대규모 유행이 없었다. 그동안 한 번도 홍역이 유입되지 않았던 것은 아닐 것이다. 하지만 그것이 유행을 불러일으키진 않았다. 그 이유 가운데 하나는 분명 집단면역이었다.

태평양 최대의 비극

1875년에는 피지(Fiji) 제도에서 홍역이 유행했다. 그 발단은 피지 왕실의 오스트레일리아 공식 방문이었다. 공식 방문에 나선 왕 다콤바우(Seru Epenisa Cakobau, 1815~1883)와 그 아들들은 시드니에서 홍역에 감염됐다. 그럼에도 일행을 태운 영국 군함은 항해를 계속했다. 환자 발생을 알리는 황색 신호기를 게양하지도, 검역을 위한 연안 정박도 하지 않았다.

오스트레일리아에서 귀국한 왕과 그 아들들을 축하하기 위해 각지의 족장들이 100개가 넘는 섬에서 수도 레부카가 있는 오발라우섬으로 모여들었다. 환영회는 열흘간 연이어 열렸다.

축연이 끝나고 족장들이 각자의 섬으로 돌아갔을 때 홍역은 총면적 1만5,800제곱킬로미터가 넘는 피지 제도 전역으로 한 번에 퍼졌다. 3개월간 전인구 약 15만 명 중 4만 명이

그림 4. 피지 왕이었던 세루 에페니사 다콤바우

그림 5. 다콤바우가 시드니를 방문할 때 탔던 영군 군함 HMS 디도 시드니에서 발생한 홍역은 이 군함을 타고 피지 전역으로 퍼져나갔다. 배의 폐쇄적인 환경은 바이러스가 확산되기에 최적의 조건이었다.

사피엔스와 바이러스의 공생

사망했다. 사망률은 25퍼센트가 넘었다. 어른도 아이도 모두 피해자였다.

처참하다고 할 수밖에 없는 당시의 홍역 사태는 '태평양 역사 가운데서도 최대 비극 중 하나'로 기록됐다.

모든 인류의 집단면역 획득

홍역이 전염병으로서 마지막으로 유행한 곳은 북극권의 섬들이었다.

아이슬란드에서는 1846년, 1882년, 1904년 등 20~30년 주기로 홍역이 유행했다. 1904년의 유행은 4월, 노르웨이의 포경 선원들이 퍼뜨렸다. 바이러스는 벽촌 마을의 교회에서 미사가 열렸을 때 여기에 참석했던 사람들을 매개체로 삼아 섬 전체로 퍼졌다.

1951년에 그린란드에서 유행한 홍역은 처녀지에서 대규모로 유행했던 마지막 홍역 사례로 보인다. 남부에 사는 주민 4,262명 중 감염을 피한 것은 겨우 수십 명에 지나지 않았다. 폐부종에 의한 심장 기능 상실이 가장 심한 합병증인데, 감염자의 약 2퍼센트가 이 증상을 앓았다. 심장 기능 상실 환자는 한 사람을 빼고 모두 35세 이상의 성인이었다. 뇌염 증세를 보인 사람도 여섯 명이었다. 많은 사람이 폐렴이나 중이염 증세를 보였는데, 가장 빈도가 높은 합병증은 코출혈이었다.

이 홍역이 유행한 뒤 그린란드에서 신규 결핵 환자가 증가했다는 기록이 있다. 홍역 유행 1개월 전에 뢴트겐 검사를 받고 이상이 없다는 진단을 받은 352명 중 열아홉 명에게서, 유행 3개월 뒤에 받은 검사 결과 폐침윤이 확인됐다. 열세 명은 가래 검사에서도 결핵균 양성반응이 나왔다. 홍역 유행과 결핵 발생의 인과관계는 알 수 없으나, 그해의 사망률은 인구 1,000명당 열여덟 명에 이르렀다.

그린란드에서의 유행을 끝으로, 지구상에서 홍역이 인구 동태에 영향을 줄 만큼 대규모로 유행한 사례는 없다. 항공기의 발달 등으로 세계가 좁아지면서 지구에 사는 모든 사람이 홍역에 대해 집단으로서의 면역력을 획득한 결과라고밖에 설명할 수 없다.

홍역은 감염병 중에서도 흔한 질병이 됐다. 아니, 패로 제도에서 한창 유행하던 19세기 중반에도 홍역은 이미 많은 곳에서 흔한 질병이 돼 있었다. 오히려 고립된 섬들에서 전염병과 같이 유행한 홍역이 예외적인 사례라 할 수 있었다.

그림 6. 양을 길들이는 사람 인간은 야생동물을 길들여서 노동력과 자원을 획득했지만 동시에
이전에는 경험하지 못했던 기생충, 세균, 바이러스에 노출되는 결과를 맞이했다.

문명과 홍역의 출발점

인류 최초의 문명이 발흥했을 무렵, 홍역은 개 또는 소에 기
원을 둔 바이러스가 종을 초월해 감염되고 적응한 결과 인
간의 질병이 됐다. 인간이 야생동물을 가축화하고, 가축화된
동물과 접촉하면서 이 병에 감염될 기회도 점점 늘어났다.

　티그리스강과 유프라테스강 사이의 메소포타미아 지방(비
옥한 초승달 지대)이 홍역의 탄생지였다. 인류 역사상 최초로 홍
역을 지속적으로 유행시킬 수 있을 만큼 많은 인구가 한곳,
바로 이 메소포타미아 지방에 거주했기 때문이다.

홍역이 사회에 정착하기 위해서는 적어도 수십만 명 규모의 인구가 필요하다고 한다. 그 이하의 인구 집단에서는 감염이 한두 번 일어나고 그칠 뿐 항상적으로 유행할 수 없다. 수십만 명의 인구 규모를 지닌 사회는 농경이 시작되고 문명이 발흥하고서야 비로소 지상에 출현했다. 이후 인류는 도시를 만들고, 산업을 진흥시켜 급속히 인구를 늘려갔다. 물론 수백만 년에 걸친 인류사 속에서는 이 같은 사건도 지극히 최근의 일일 수밖에 없다.

반면 섬의 인구동태는 그 양상이 조금 다르다. 많은 경우 소수의 주민들이 몇 개의 섬에 나뉘어서 살기 때문이다. 홍역은 늘 외부로부터 유입돼 몇 십 년에 한 번씩 전염병처럼 대유행을 일으킨다. 다만 유행은 일시적이고, 결국 종식된다. 패로 제도나 피지 제도, 그린란드 등의 변경에서 발생한 홍역의 유행이 바로 그런 사례였다.

이와 똑같은 일이 섬들 이외의 인류 집단에서도 틀림없이 일어났을 것이다. 홍역처럼 감염력이 강한 급성 감염병이 한때 유입돼 유행하지만 해당 집단의 인구 규모가 작아서 유행을 유지할 수는 없다. 그 결과 감염병은 소멸된다.

그런 점에서 홍역 바이러스는 때를 잘 탔다. 메소포타

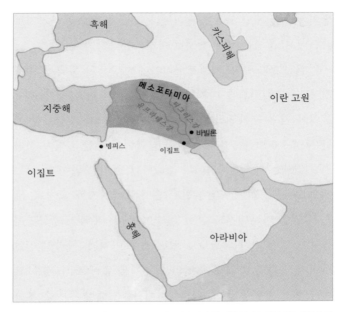

그림 7. 메소포타미아 문명 비옥한 초승달 지대에서 세계 최고(最古)의 농경문화를 이룩한 정착 민족은 주변의 유목 민족과 전쟁과 평화 교섭을 반복하며 인적·물적 교류를 했을 것이다. 그리고 그 과정은 홍역을 더 넓은 지역으로 퍼뜨리는 데 일조했다.

미아라는, 인류 최초 문명의 발생지를 만났으니까. 기원전 3000년 무렵 인류 사회에 정착한 홍역은 메소포타미아를 근거지로 삼아 주변 지역에서 돌발적인 유행을 거듭했다. 이윽고 세계 각지에서 농경이 시작됐고, 각지에 일정 규모 이상의 인구를 지닌 사회가 출현했다. 그곳을 새로운 근거지로 삼으면서, 홍역은 세계 각지로 퍼져나갔다.

기원전 3000년께 메소포타미아에서 탄생한 홍역은 20세기 중반 그린란드를 마지막으로 마침내 '처녀지'를 없앴다. 홍역이 지구 구석구석까지 도달해 정착하기까지 필요한 시간은 약 5,000년이었다. 이만큼 감염력이 강한 질병이 처녀지를 없애는 데 5,000년이나 걸리다니. 놀라운 일이다.

5,000년이라는 시간에 걸쳐 홍역은 처녀지를 없애고, 모든 감염병 가운데서도 흔한 질병이 됐다. 홍역의 생물학적 특성이 그런 시간을 필요로 했던 것은 아니다. 차라리 인간 사회의 변화가 마침내 홍역의 처녀지를 없애고, 그것을 흔한 질병으로 만들었다고 하는 편이 옳다. 대량 수송을 포함한 교통수단의 발달과 세계 전체를 하나의 분업 체제로 조직하는 근대 세계 시스템으로의 이행은 홍역이 유행하는 양상을 바꿨다. 지구상의 어떤 오지일지라도 홍역이 전염병으로서 유행을 일으킬 만큼 오래도록 격리된 사회는 이미 존재하지 않게 된 것이다.

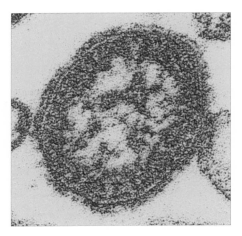

그림 8. 현미경으로 본 홍역 바이러스 홍역 바이러스는 입자가 매우 작아서 공기를 통한 감염 범위가 인플루엔자보다 훨씬 넓다. 사람과 사람 사이의 교류는 홍역을 전 지구적 규모로 유행하게 만든 주원인이지만, 현재에는 도리어 이 활발한 교류가 집단면역을 유지시켜 홍역의 유행을 억제하고 있다.

성인층에서 소아 감염병이 유행하는 이유

현대사회에서 홍역은 '소아(小兒, 어린아이) 감염병'으로 알려져 있다. 홍역만이 아니다. 볼거리나 풍진, 수두(수포창) 등 감염성이 강한 감염병의 다수가 소아 질병이다.

　그러나 이러한 감염병이 소아에 대해서만 유독 높은 감염성을 지닌 것은 아니다. 이들은 면역력이 없는 성인에 대해서도 높은 감염성을 보인다. 실제로 피지 제도에서 홍역이 유행했을 때, 소아와 비교해서 감염율과 사망률 모두 성인 쪽이 더 높았다. 다만 현대사회처럼 성인 다수가 면역력을 갖고 있는 사회에서는 아이들이 유일하게 감수성을 지닌 자가 되기에 이런 감염병들이 소아의 전염병인 것처럼 보이는 것뿐이다.

사회가 변화하면서 소아 감염병이라는 이름이 무색해지는 경우도 있다. 유행성 소아마비(폴리오)나 수두가 과거 선진국에서 보였던 경향이 그러하다. 위생 환경이 향상되고 가족이 이전처럼 밀집해서 살지 않게 되면, 소아기 때 병원체에 감염될 가능성은 작아진다. 소아기 때 무사히 감염에서 벗어난 아이들은 결과적으로 사춘기나 성인 시기에 이 병에 걸리게 된다.

2007년 봄, 일본 수도권을 중심으로 대학생들 사이에서 홍역이 유행해 많은 대학교들이 휴교했다. 감염병법에 따르면 일본에서 홍역은 지정파악질환(감기처럼 환자 수가 많고 전수를 파악할 필요가 없는 질병-역주) 가운데 하나이며, 전국 3,000개의 지정 소아과에서 매주 환자 발생을 보고한다(홍역은 2008년부터 전수파악질환(환자 수가 매우 적거나, 감염을 방지할 필요가 있다고 판단되어 전수를 파악해야 하는 질병-역주)이 됐다). 보고에 따르면 감염의 정점은 1세

때이며, 약 반수가 2세 이하 때 감염된다. 그러나 최근에는 영유아를 대상으로 한 백신 접종률이 낮아졌음에도 불구하고 연장자의 감염 비율이 증가세를 보이고 있다.

백신 접종은 일반적으로 평균 감염 연령을 높이는 효과가 있다. 집단적으로 백신을 접종함으로써 면역을 지닌 사람의 비율이 증가하면 소아기의 감염 빈도는 떨어진다. 그 결과 고전적인 '소아 감염병'이 소아기에 발병하는 경우가 줄어드는 것이다(267쪽 부록 참조).

홍역 사망률의 미스터리

홍역은 '처녀지' 등 고립된 집단에서 돌발적으로 유행할 때 큰 피해를 안겼다. 1875년 피지 제도에서 유행했을 때는 전체 인구의 4분의 1 이상인 4만 명이 3개월이 채 되지 않는 짧은 시간 동안 사망했다. 1900년, 알래스카에 고립된 이누이트 집단에서 홍역이 유행했을 때도 사망률이 40퍼센트를 넘었다.

청년층의 피해가 크다는 점도 '처녀지'에서 유행하는 홍역의 특징일지 모른다. 1846년 패로 제도에서의 유행을 조사한 파눔도 청장년층의 사망률이 높다는 사실을 역학적 특징 중 하나로 기록했다. 1835년부터 1845년까지의 호적부를 가지고 각 연령별 사망률을 조사한 결과, 1세부터 20세 미만의 연령층은 홍역이 유행하든 안 하든 사망률에 변화가 없었지만, 30~50세의 연령층은 홍역이 유행할 때 평소의 2.5배까지 사망률이 올라갔다고 한다.

구미에서는 20세기 초부터 홍역으로 인한 사망률이 크게 내려갔다. 홍역은 치사율이 높은 질병에서 온건한 소아기 질병으로 변모했다. 예방접종이 도입되기 십여 년 전인 1940년대에도, 구미 지역 국가에서의 홍역 사망률은 100년 전의 10퍼센트 수준이었다. 같은 시기 극지에서는 돌발적으로 홍역이 유행할 때마다 여전히 많은 희생자가 나왔는데도 말이다.

개발도상국에서는 지금도 홍역으로 인한 사망률이 높다(5~10퍼센트). 그 원인으로 영양불량 등을 드는 연구자도 있는데, 이와 반대로 영양불량은 높은 사망률의 주요 원인이 아니라는 연구 결과도 나와 있다. 즉, 아직도 결론이 나지 않은 상태다.

왜 홍역에 의한 사망률이 시대나 사회에 따라 이 정도까지 차이가 나는지는 홍역을 둘러싼 미스터리 가운데 하나다.

큰 비극, 작은 비극

파눔은 홍역이 유행하지 않은 해의 패로 제도 아이들이 고국인 덴마크의 아이들보다 사망률이 낮다고 했다. 10세 미만 아동의 사망률은 덴마크가 1,000명당 약 360명인 데 비해 패로 제도는 약 260명이었다. 아울러 패로 제도 사람들의 평균수명은 약 45세였는데, 이는 같은 시기 유럽 국가들의 평균수명보다 더 길었다. 당시 러시아의 평균수명은 약 21세, 독일은 30세, 스위스는 35세, 프랑스, 덴마크, 벨기에는 36세, 영국이 39세였다. 섬의 주민들이 장수하는 이유로 파눔은 패로 제도에서는 적어도 1835년부터 1845년까지 천연두나 홍역, 백일해, 성홍열과 같은 급성 감염병의 유행이 없었다는 점을 들고 있다.

백일해는 백일해균에 의해 발생하는 급성호흡기감염병인데, 경련성 기침 발작이 그 특징이다. 지금도 개발도상국의 아이들을 중심으로 매년 20만~40만 명이 이 병으로 사망하고 있다.

성홍열은 비말 감염으로 전염되는 발진성 감염병인데, 2세부터 10세까지의 소아들 사이에서 많이 발병한다. 중이염이나 신장염, 류마티스열 등의 합병증이 있으며, 항생물질이 개발될 때까지는 몹시도 두려움 샀던 질병이다.

또 파눔은 섬에서 천연두가 유행한 1705년에는 마을 하나가 통째로 전멸했다는 기록도 남겼다.

이처럼 급성 감염병이 아직 '소아 질병'으로 바뀌지 않은 사회에서는, 몇 십 년의 간격을 두고 돌발적으로 유행한 급성 감염병이 소아뿐 아니라 성인을 포함한 사회 전체에 파괴적인 영향을 끼치곤 했다. 그 영향으로부터 사회가 재생되기까지는 수십 년이 걸리지만, 이것은 새로운 비극의 막을 열게 된다. 인류 사회는 그런 '큰 비극'을 되풀이해왔다. 그 큰 비극에 종지부를 찍은 것이 급성 감염병의 '소아 질병화'였다.

그러나 그것은 동시에 매년 '작은 비극'을 만들어냈다.

사회를 파탄시키는 큰 비극을 피하면서 작은 비극을 최소화하는 것, 이것을 달성하게 해주는 것은 무엇인가? 우리는 그것을 역사에서 배울 필요가 있다.

단지 병원체를 근절하는 것으로는 그것을 달성할 수 없다. 병원체의 근절은 마그마를 응축한 지각이 다음에 일어날 폭발의 순간을 기다리듯 장차 일어날 큰 비극의 서막을 준비하는 것에 지나지 않는다. 근절은 근본적인 해결책이 될 수 없다. 병원체와의 공생이 필요하다. 설령 그것이 이상적인 적응을 의미하지도 않고, 우리 인류에게 기분 좋은 것이 아닐지라도 말이다.

　그런 '공생' 방법을 찾아서, 이제, 감염병과 인류의 관계를 더듬어보는 여행을 떠나보자.

제1장

감염병의 '요람'이 된 인류 문명

1. 사냥하고, 채집하고, 병들다

문명이 발생하기 이전의 인류에게
감염병은 어떤 존재였을까?

작은 집단에서는 살아남을 수 없다

예일 대학교 감염병 역학 교실의 멤버들은 아마존강 유역에
사는 원주민을 대상으로 두 종류 감염병의 유행 상황을 조
사했다. 하나(①)는 결핵이나 한센병과 같은 만성 감염병이었
고 또 하나(②)는 홍역이나 풍진, 볼거리, 인플루엔자 등의 급
성 감염병이었다. 결과부터 얘기하자면, ①의 만성 감염병은
풍토병적으로 유행하고 있었지만, ②의 급성 감염병은 지속
적인 유행을 찾아볼 수 없었다. 유행의 유무는 항체 검사를
통해 조사했다. 모든 연령층에 항체 보유자가 있다면, 그 병

은 풍토병적으로 유행하는 것이라고 볼 수 있다. 반면 특정 연령 이상의 주민 대다수가 항체를 보유하고 있지만 그 이하의 연령층에서는 항체 보유자가 없는 경우, 경계가 되는 연령의 주민들이 태어났을 무렵에 해당 질병의 돌발적 유행이 있었으나 그 뒤엔 유행이 없었다는 것을 시사한다.

이런 결과는 서문에서 얘기한, 급성 감염병은 격리된 소규모 인구 집단에서는 지속적으로 유행할 수 없다는 가설을 뒷받침한다. 이런 감염병만이 아니다. 어느 조사에 따르면 체외에서 어떻게든 한 달이 넘도록 살아남을 수 있는 폴리오바이러스(poliovirus, 소아마비 바이러스)조차 소규모 인구에서는 감염이 지속될 수 없다고 한다.

우리의 조상인 초기 인류는 수렵 채집을 생업으로 삼아 살았다. 그때의 사람들은 작은 규모의 집단을 이루고 생활했을 것이다. 그런 초기 인류의 삶과 건강은 어떠했을까?

나무에서 내려온 인류

지금으로부터 약 1천만 년 전, 아프리카 대륙을 남북으로 종주하는 대지구대의 활동이 활발해지면서 주변에 융기 지대가 형성됐다. 대서양에서 습기 찬 공기를 실어 나르던 적도 서풍은 이 융기 지대에 막혔고, 그 결과 대지구대 동쪽이 건조한 초원(사바나)으로 바뀌었다. 이렇게 새롭게 출현한 초원에 진출한 영장류가 있었다. 우리 인류의 조상이다.

그때까지 숲에서 살던 인류의 선조들에게 무수한 야생동물들이 노니는 초원은 완전히 다른 세계였다. 초기 인류가 야생동물, 특히 대형 야생동물과 접촉할 기회가 단번에 늘어났다. 그와 동시에 동물이 남긴 똥, 혹은 똥으로 오염된 물과 접촉함으로써 야생동물에서 유래한 기생충에게 감염될 가능성도 커졌다. 물론 그런 기생충이 사람에서 사람으로 감염될 가능성은 한참 뒤, 인류가 정주 생활을 하게 된 이후의 사회와 비교하면 훨씬 작긴 했으나 그 시대 사람들에게 감염될 수 있는 기생충의 종류가 단기간에 확대된 것은 분명하다.

이렇듯 새로운 환경에 적응하기 시작한 인류의 조상들은, 그럼에도 여전히 공통의 조상을 지닌 다른 영장류의 특징 역시 지니고 있었다. 수렵 채집을 하며 소규모 집단으로 살아갔다는 점도 다른 영장류와 공통되는 부분이다.

거듭 얘기했듯이 소규모 인구 집단에서는 급성 감염병이 유행을 지속할 수 없다. 하지만 이런 환경에서도 유행을 지속할 수 있는 감염병이 존재한다. 병원체가 숙주 체내에서 장기간 생존할 수 있거나 사람 외에 다른 숙주를 가진 감염병이다. 이를테면 한센병(숙주 체내에서 장기간 감염 능력을 유지), 말라리아, 주혈흡충증(매개 동물이나 중간 숙주를 통해 기생충이 숙주 체외에서도 살아남을 수 있는 인수 공통 감염병) 등이다.

초기 인류도 이런 감염병을 겪었을 것이다. 그리고 그 감염병 가운데 일부는 틀림없이 다른 영장류로부터 이어받았을 것이다. 지금도 야생 고릴라나 침팬지는 결핵이나 말라리아 등 사람과 공통되는 감염병을 갖고 있다. 말라리아는 이미 초기 인류 때부터 감염병으로 존재했을 가능성이 높다. 악성 말라리아를 야기하는 원충(原蟲)은 지금으로부터 500~700만 년 전에 침팬지와 인류의 조상이 갈라질 무렵 발생했을 가능성이 높다고 한다.

아프리카 트리파노소마증, 야생동물을 구원하다

당시 아프리카 대륙의 동부 지역은 대형 야생동물의 총량(단위 토지 면적당 생물 중량)이 다른 어떤 시대의 환경보다 더 컸다고 한다. 이는 인류의 조상이 나무 위에서의 생활을 마치고 초원으로 진출했을 때, 과거와는 비교도 할 수 없을 만큼 풍족

한 먹을거리와 마주했다는 걸 의미한다. 인류의 조상들은 대형 야생동물을 대규모로 포식하기 시작했고, 그 결과 숱한 동물들이 지상에서 사라졌다. 그러나 이 대형 동물들이 전멸하는 사태만큼은 피할 수 있었다. 이들이 위기 상황에서 벗어날 수 있었던 요인 중 하나는 아프리카 트리파노소마증(African trypanosomiasis, 아프리카 수면병)이었다.

아프리카 트리파노소마증은 트리파노소마 원충에 의해 발병하는 인수 공통 감염병이다. 이 병은 지금도 사하라 사막과 칼라하리 사막 사이의 지역 주민들과 가축에게 큰 피해를 입히고 있는데, 감염 위험에 노출된 사람들만 6,000만 명에 매년 50만 명이 새로 발병하고 약 6만 명이 사망하고 있다. 그 때문에 일본 면적의 40배에 가까운 1,500만 제곱킬로미터의 땅에서 제대로 가축을 키울 수조차 없다.

트리파노소마 원충을 퍼뜨리는 매개체는 사하라 사막 남쪽에 널리 분포한 체체파리다. 이 원충은 약 3억 년 전에 다른 종류의 트리파노소마 원충으로부터 갈라져 나와 2,500만 년쯤 전에 체체파리를 통해 아프리카 고유의 포유류를 감염시키게 됐다. 덧붙여 영양이나 앤털로프(antelope) 등 몇몇 아프리카 고유종은 이 병을 앓지 않는다. 특정 종의 경우

그림 1-1. 아프리카에 서식하는 앤털로프

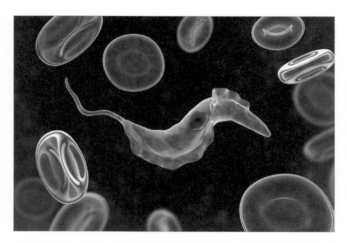

그림 1-2. 혈액 속 트리파노소마 원충의 모습 앤털로프나 영양을 포함해 몇몇 아프리카 고유 종은 트리파노소마증을 앓지 않는다. 특정 종의 경우 긴 시간이 지나면서 면역력을 갖게 된 것으로 추측된다.

긴 시간이 지나면서 면역력을 갖게 된 것인지도 모른다.

아프리카 트리파노소마증이 존재하지 않았다면 먹이사슬의 최상위에 있던 초기 인류가 초원을 유린하며 대형 야생동물을 모조리 멸종시켰을지도 모른다. 그랬다면 그 뒤 인류의 역사는 지금과는 다른 것이 됐을 가능성도 있다.

머무르는 것의 함정

탕가니카호(Tanganyika湖) 북부에는 총인구가 800명 정도 되는, 주로 이동하며 생활하는 수렵 채집 민족이 있었다. 매일 먹을 것을 수렵과 채집으로 마련했고, 얻을 수만 있다면 개코원숭이나 하이에나까지도 먹을거리로 삼았다. 단, 거북이는 먹지 않았다. 아이를 낳았을 때는 탯줄을 칼로 끊고 딱지가 벗겨질 때까지 동물의 힘줄 등으로 묶어 그을음과 지방(脂肪)을 섞은 것을 발랐다.

이 집단의 아이들 예순두 명의 건강을 조사해보니 매우 흥미로운 결과가 나왔다. 영양불량을 보인 아이는 없었고 충치 또한 없었다. 아이들 네 명의 변에서 촌충이 발견됐고, 세 명에게선 편모충이 발견됐지만 회충이나 십이지장충은 발견되지 않았다(촌충, 편모충, 회충, 십이지장충 모두 창자에 서식하는 기생충이다). 무좀을 가진 아이는 여럿 있었으나 홍역이나 풍진 등의 감염병은 발견되지 않았다. 아이들은 10세 정도가 되면 새나 작은 동물을 사냥하기 시작했고, 그럴 때는 일반적으로 부모 곁을 떠나 다른 집단에 들어갔다.

인구의 규모가 작다는 점 외에도 수렵 채집 사회의 특징은 또 있다. 바로 '이동'이다. 이 수렵 채집 민족은 이동할 때 종종 중증 질병으로 죽을 것 같은 구성원을 버리고 갔다고 한다. 짐승을 사냥하고 식물을 채집하는 등 자연 자원에 의존하는 생활은 한 장소에 정주(定住)하기가 어렵다. 정주는 주변의 자연 자원을 고갈시키면서 집단을 파멸로 몰아가기 때문이다. 그래서 사람들은 자연 자원이 재생하게끔 이동을 계속했다.

이동 사회는 정주 사회보다 똥오줌 등에 의한 재감염이 적다. 어쩌면 정주하는 사회에서 자신의 분변과 접촉할 기회가 많아진다고 하는 편이 정확할지도 모르겠다. 같은 장소에 오래 거주하게 되면 거주지 부근에 쌓이는 분변과 자주 접촉하게 된다는 것은 쉽게 상상할 수 있다. 분변과의 접촉은 소화기계통의 감염병이나 기생충 감염을 증가시킨다. 오염된 생활용수를 통해 감염병 유행이 발생할 가능성도 매우 높다. 일반적으로 정주 사회는 이동 사회보다 감염병이 유행하기 쉬운 토양을 제공하는 경우가 많다.

얼어붙은 기생충

미국 네바다주의 동굴에서 발견된 선사시대 주민의 분석(糞石)을 대상으로 기생충성 질환의 흔적을 조사한 적이 있다. 분석이란 동물이나 인간의 배설물인 똥이 화석으로 변한 것을 가리킨다. 꽃가루나 기생충 등 분석에서 발견되는 내용물을 살펴봄으로써 당시의 식생활이나 사람들의 건강 상태를 추측할 수 있다. 분석 연구는 토양 산성도가 낮은 신대륙 아메리카에서 발전했다. 일본을 비롯한 산성토양에서는 분석과 같은 유기물이 잔존하기 어렵기 때문이다.

그런데 해당 분석에서는 기생충의 알이나 유충이 발견되지 않았다. 조사를 맡았던 인류학자들은 선사시대의 주민이 소화기계통에서 발생하는 기생충성 질환과 비교적 무관한 생활을 했을 가능성이 있다고 결론 내렸다.

이 조사 결과는 우리를 대담한 추론으로 이끈다. 장관(腸子) 기생충 가운데 십이지장충, 회충, 편모충은 사람에게만 기생한다. 이들 기생충은 토양 속에서 알이 부화하거나 유충이 성장해야 비로소 감염이 될 수 있는데, 알의 부화나 유충의 성장에는 섭씨 20도 정도의 온도가 필요하다.

그런데 네바다주의 동굴에 있던 아메리카 원주민의 조상은 약 2만5,000년 전에 남방에서 시베리아로 진출한 고(古)몽골로이드 중에서도, 마지막 빙하기에 육지가 된 베링해를 건너 신대륙에 도달했던 이들로 추정된다. 고 몽골로이드 집단은 베링해가 다시 바다로 바뀐 1만4,000년 전까지 몇 세대에 걸쳐서 시베리아와 알래스카를 거쳐 아메리카 대륙에 이르렀다. 문제는 이들 장관 기생충이 시베리아나 알래스카 등의 극한지에서 감염 환경을 유지할 수 있었을까 하는 점이다. 분변 속에 있던 기생충의 알이 추위로 인해 토양 안에서 부화 또는 생육할 수 없었다면, 이 시점에서 기생충이 감염을 일으킬 가능성은 사라진다. 이는 아메리카 원주민의 조상이 북극권을 통과함으로써, 의도하진 않았겠지만 기생충을 구제(驅除)했을 가능성이 있음을 보여준다.

한편 아메리카 원주민들은 전통적으로 명아주를 먹곤 했는데, 이것은 거친 땅에서도 살 수 있는 일년초다. 어린잎이 붉은 보라색으로 물들고 싹의 심지 또한 붉은 명아주는 기생충을 구충하는 효능을 지닌 것으로 알려져 있으며, 그래

그림 1-3. 붉은색을 띠는 명아주의 어린잎 아메리카 원주민들은 기생충을 없애기 위해 명아주를 먹었는데, 이를 통해 어느 시점부터 아메리카 원주민 사이에서도 기생충 감염이 발생했을 것이라는 추측이 가능하다.

서 오늘날에도 명아주를 구충약으로 사용하는 지역이 있다. 이로 미루어 보건대 언젠가부터 아메리카 원주민 사이에서도 기생충 감염이 발생했을지 모른다.

한편 이런 사례는 질병과 관련된 사람들의 행동에 적응적 경향이 있다는 것을 시사한다. 이와 같은 적응적 행동은 침팬지나 고릴라에게서도 찾아볼 수 있다고 한다. 고등 영장류에 공통되는, 질병에 대한 이런 적응적 행동은 오랜 진화의 시간 속에서 유전자에 편입돼 들어온 것인지도 모른다.

선사시대 인류는 불결했을 것이라는 오해

기생충 감염병 외에도 선사시대의 중요한 감염병으로는 탄저병과 보툴리누스중독을 들 수 있다. 두 가지 모두 인수 공통 감염병이다.

탄저병은 탄저균이 일으키며, 감염된 동물의 모피나 고기를 통해 사람에게 감염된다. 피부 감염이 가장 많지만 포자를 흡입하거나 오염된 고기를 먹어도 감염된다. 피부 탄저병은 탄저균이 피부의 작은 상처로 침입하면서 일어난다. 감염 뒤 며칠 안에 구진(丘疹 : 살갗에 돋는 발진)이 나타나고, 구진은 곧 허물어져 궤양이 돼 검은 딱지가 생긴다. 고열이 나는데 치료하지 않을 경우 치사율은 10~20퍼센트 정도이다. 폐 탄저병은 탄저균을 흡입했을 경우 일어난다. 인플루엔자와 같은 증상을 나타내며 고열, 기침, 혈담(피가 섞여 나오는 가래) 증세를 보인다. 치사율은 90퍼센트가 넘는다. 장 탄저병은 탄저균이 음식물과 함께 섭취됐을 경우에 발생한다. 고열, 구토, 복통, 설사를 하고 복수(腹水)가 차는 것이 주요 증상이며, 치사율은 25~50퍼센트다.

보툴리누스중독은 보툴리누스균이 만들어내는 독소로 인해 생긴다. 보툴리누스균은 혐기성균으로 동물의 고기를 먹을 때 발생한다. 독소는 신경계를 침범해 사지를 마비시키는 등의 증상을 일으킨다. 중증일 경우 호흡 근육이 마비돼 사망하게 된다. 일반적으로 발열은 없으며, 의식은 마지막 순간까지 맑다. 1945년부터 1962년까지 알래스카에 거주하는 이누이트 사이에서 적어도 열여덟 차례의 집단 발병이 일어난 적이 있는데, 총 쉰두 명이 병에 걸려 스물여덟 명이 사망했다.

두 감염병 모두 수렵을 통해 잡은 동물의 고기를 먹는 것과 깊은 연관이 있다. 사람에서 사람으로 감염되진 않지만 균은 포자 상태로 수십 년이나 살 수 있다. 이런 특성으로 인해 선사시대 인류에게는 이 두 가지 감염병이 특히 치명적이었다.

이런 감염병을 빼면 선사시대 인류는 비교적 양호하고 건강한 생활을 보냈던 것으로 보인다. 현대인과 비교할 때 암의 원인이 되는 화학물질 등에 노출되거나 운동 부족과 같은 생활 습관으로 인한 병에 걸리는 경우는 훨씬 적었을 것이다. 현대의 유목민을 대상으로 한 조사에서도 비만이나 당뇨병, 고혈압 등 생활 습관으로 인한 병이 보고된 적은 거의 없다. 선사 인류에게는 관절염이 많았다는 보고 정도가 그나마 유일하게 근접한 사례이다. 포유기(젖을 먹는 시기)의 사고나 청년기의 외상(外傷)을 극복하고 성인이 된 선사시대 인류의 건강 상태는, 질병의 종류도 적었기에 비교적 양호했을지 모른다. 적어도 선사시대 인류가 어두운 동굴 속에서 감염병으로 고생하면서 비위생적인 생활을 했을 거라는 이미지는 분명하게 현실과는 동떨어진 것이다.

2. 문명과 감염병의 전환기

인류와 감염병의 관계에서 전환점이 된 사건은
농경의 개시, 정주, 야생동물의 가축화였다

농경의 발명과 인구 폭발

농경의 개시는 그때까지 이어져 온 사회의 존재 양식을 근
본적으로 바꿨다.

첫째, 농경은 단위면적당 수확량을 늘림으로써 토지의 인
구 지지력(부양 능력)을 높였다. 둘째, 정주라는 새로운 생활양
식을 만들어냈다. 정주는 출산 간격을 단축시켜 인구 증가에
크게 기여했다. 수렵 채집 사회의 출산 간격이 평균 4~5년
이었던 것에 비해 농경 정주 사회의 출산 간격은 평균 2년으
로 사실상 절반이었다. 이동할 필요가 없어지면서 육아에 노

동력을 할애할 수 있게 된 덕이 컸다. 덧붙이자면 주로 나무 위에서 생활하는 다른 영장류의 경우, 침팬지의 평균 출산 간격은 약 5년, 오랑우탄의 출산 간격은 약 7년이다. 오랑우탄의 출산 간격은 영장류 중에서도 가장 길다.

물론 인구가 일직선으로 증가한 것은 아니다. 농경 초기에는 사람들의 영양 상태가 악화된 적도 있을 것이다. 단기적인 정체도 분명 일어났을 것으로 보인다. 그러나 장기적으로 볼 때 인구는 꾸준하게 증가했다(그림 1-4).

유사 이전의 인구는 토지의 인구 부양력을 역산해 추정할 수 있다. 어느 계산에 따르면 전기 구석기시대(약 150만 년 전)의 수렵 채집인 한 사람이 생존하기 위해 필요한 토지의 면적은 대강 26제곱킬로미터였다. 단순하게 계산하면 토지 1제곱킬로미터의 인구 부양력은 0.038명이었던 셈이다. 후기 구석기시대(약 5만 년 전)에 접어들 무렵에는 그것이 0.1명으로 상승했는데, 신인류가 이제 막 아프리카를 빠져나올 당시(약 5~7만 년 전)의 인구는 수십만에서 100만 명 정도였다. 그중 수백 명, 많아야 2,000명 정도가 아프리카를 나와 세계 각지로 퍼져나갔다.

농경이 시작된 1만 1,000년 전 무렵에는 인구가 500만 명

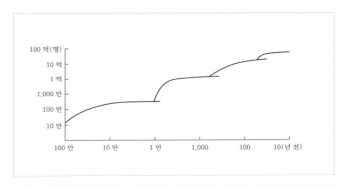

그림 1-4. 지구 인구의 추이 농경 전 인류의 수가 20배로 늘기까지는 무려 5만 년이 걸렸다. 하지만 농경을 개시한 후에는 1만 년 만에 인구가 20배로 늘었고 그 뒤 다시 20배가 되기까지는 2,000년밖에 걸리지 않았다. 오츠카 류타로(大塚柳太郎)와 키토 히로시(鬼頭宏) 작성.

으로 늘었고, 기원전 500년 무렵에는 1억 명을 돌파했으며, 기원 전후에 약 3억 명이 됐다.

그런데 처음으로 농경을 발견했던 인류는 그것이 수렵 채집보다 많은 음식물을 얻을 수 있는 방법이라 확신하고 바로 거기에 뛰어들었을까? 실제 상황은 그만큼 단순하지 않았을 것이다. 봄에 심은 씨앗은 가을에 수확할 수 있다. 그러나 봄부터 가을까지 일어날 일을 정확히 예측할 순 없다. 농경이 그때까지 경험한 적 없는 시도였다면 더욱 그러했으리라. 홍수가 일어난 적도 있을 테고 한발이 덮치기도 했을 것이다. 작물이 병에 걸리거나 메뚜기 대군의 습격을 받았을지도 모른다.

농경은, 특히 초기에는 더더욱, 수렵 채집과 비교해도 결코 기대수익성이 높은 기술이 아니었다. 게다가 농경은 수렵 채집보다 장시간의 노동을 요구한다. 농경은 분명 수렵 채집의 곁다리로 하는 자질구레한 작업이었을 것이다. 농경이 시작된 뒤에도 사람들은 수렵이나 채집을 계속했다. 그 무렵의 인류가 농경의 잠재적 가능성을 완전히 이해하고 있었다고 생각하긴 어렵다. 그러나 결과적으로 보면, 그 농경이 이후의 인류사를 크게 바꾸게 된다.

야생동물의 가축화

농경 및 정주의 시작과 거의 같은 시기, 같은 장소에서 야생동물의 가축화가 이뤄졌다. 지금부터 1만1,000년 정도 전에 티그리스강과 유프라테스강 사이의 메소포타미아 지역, 지금의 이라크에서 일어난 사건이었다.

가축은 인간 사회에 몇 가지 변화를 불러왔다. 첫째, 가축의 똥은 질 좋은 비료로 쓰였다. 둘째, 소나 말은 경작 가능한 땅의 면적을 넓혔다. 예컨대 로키산맥 동쪽의 북아메리카 대평원에 사는 원주민은 긴 강을 따라 생긴 계곡에서만 농사를 지었는데, 이는 사람의 힘으로 경작할 수 있는 곳이 흙이 부드러운 골짜기뿐이었기 때문이다. 딱딱한 흙으로 덮인 땅까지 경작할 수 있게 된 것은 유럽에서 가축과 가래 기술이 도입된 19세기 이후였다. 셋째, 가축은 잉여 작물 저장고로 기능했다. 남은 작물을 먹여서 키운 가축은 기근 때의 식재료로 쓸 수 있었다. 물론 이것은 식량 부족을 근본적으로 해결할 수 있는 방법은 아니었지만, 아슬아슬한 한계 상황에서는 가축의 존재가 생사를 갈랐을 것이다. 야생동물의 가축화는 이 같은 영향을 통해 인구 증가에 기여했다.

농경이 시작된 이후, 어쩌면 그 이전부터 수렵 채집은 보수가 신통찮은 노동이 돼갔다. 남획으로 자연 자원이 줄어들면서 인류가 농경과 가축화에 매진하게 됐다는 설이 있다. 그 예로 이스터섬의 사례가 알려져 있다.

이스터섬

폴리네시아 삼각 지대의 동쪽 끝에 있는 이스터섬은 칠레의 수도 산티아고에서 서쪽으로 3,700킬로미터, 타히티에서 동쪽으로 4,000킬로미터 떨어진 곳에 있다. 둘레 길이 60킬로미터에 면적은 160제곱킬로미터 남짓인데, 현지어로 라파 누이(Rapa Nui), 즉 '넓은 땅'이라 불린다. 주변에 섬다운 섬 하나 없는 이 태평양의 고도(孤島)에서 가장 가까운 섬은 415킬로미터 떨어진 곳에 있다. 만일 사람이 사는 섬으로 가려면 2,000킬로미터를 이동해야 한다.

서기 500년 무렵 인류는 이 섬에 도달했다. 가금(家禽)인 닭과 함께. 태평양의 횡단에는 통나무를 깎아서 만든 배가 사용됐다. 이스터섬은 당시 거대한 야자나무가 무성한, 녹지로 뒤덮인 섬이었다. 서기 7, 8세기 무렵에 제단이 만들어졌으며 늦어도 10세기에는 돌로 만든 모아이상이 제작되기 시작했다. 17세기 무렵까지 이어진 모아이 제작은, 그러나 돌연 종말을 고하게 된다. 과도한 삼림 벌채에 따른 환경파괴가 원인이었다. 숲을 잃은 섬에서 대량의 표토가 유실되면서 땅이 척박해지고 바다가 오염됐다. 식량 부족 상태가 심각해졌다.

주민들이 닭을 주요 식재료로 삼기 시작한 것은 그 무렵부터였다고 한다. 야생 조류나 작은 고래를 식량으로 확보할 수 있었던 기간에는 주민들도 그다지 닭을 먹지 않았다. 유적에서 발굴된 동물들의 뼈가 그 사실을 말해준다.

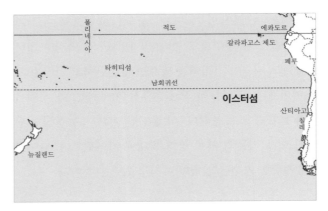

그림 1-5. 이스트섬 주변 지도 외지인과 만나려면 2,000킬로미터를 이동해야 하는 이 고립된 섬은 인류가 수렵 채집에서 농경으로 전환하게 된 과정을 엿볼 수 있는 작은 실험장이다.

그림 1-6. 모아이 석상

농경이나 야생동물의 가축화가 시작된 요인으로 지구 기온의 상승을 드는 연구자도 있다. 약 1만 년 전 마지막 빙하기가 끝나고 지구가 간빙기를 맞으면서 온난하고 안정된 시대가 이어진다. 그로부터 오늘날까지 이어지는 이 시대는 '기적의 1만 년'으로 불린다. 이 온난한 기후가 농경에 적합한 땅과 야생 식물의 서식 영역 확대에 기여했으며, 나아가 농경에 적합한 가축을 선택할 여지를 줬다는 것이다.

문명의 대가, 감염병

본격적인 농경 정주 사회로 이행하면서 인류의 문명은 발전했지만 이와 함께 큰 시련도 찾아왔다. 그중 하나가 감염병이었다.

정주는 십이지장충병이나 회충증 등의 기생충 질환을 증가시켰다. 십이지장충병은 분변으로 배설된 기생충의 알이 땅 속에서 부화하고 성장한 뒤 피부를 통해 감염됨으로써 발병한다. 회충증은 대변으로 배설된 알이 경구섭취, 즉 입을 통해 체내로 들어오면서 발생한다. 정주지에서는 사람들이 배설한 분변이 거주지 주변에 쌓이게 되고, 그로써 기생충 감염 고리가 확립된다. 여기에 분변이 비료로 재이용되면서 이 순환은 한층 안정된다.

　농경으로 발생된 잉여 음식물은 쥐와 같은 작은 동물의 좋은 먹이가 됐다. 쥐는 벼룩이나 진드기를 통해 특정 감염병을 인간 사회로 옮겼다. 벼룩이나 진드기가 매개하는 감염병으로는 소아 관절염을 일으키는 라임병, 발열 및 오한에 궤양을 동반하는 야생 토끼병, 리케차라는 미생물이 일으키는 큐열이나 쓰쓰가무시병, 그리고 페스트 등이 유명하다.

　야생동물의 가축화는 동물에 기원을 둔 바이러스 감염병을 인간 사회로 들여왔다(그림 1-7). 천연두는 소, 홍역은 개, 인플루엔자는 물새, 백일해는 돼지 또는 개에 기원을 두고 있다. 굳이 말할 것도 없지만 이들은 군거성(群居性) 동물로,

인간의 질병	병원체를 가진 가축
홍역	개
천연두	소
인플루엔자	물새
백일해	돼지, 개

그림 1-7. 가축에서 인류에게로 감염된 것으로 여겨지는 질병

사람이 가축화하기 이전부터 유라시아 대륙의 광대한 초원에서 무리지어 살고 있었다.

사람에서 가축으로 이동한 병원체도 있다. 예컨대 우형(牛型) 결핵균은 인형(人型) 결핵균에 그 기원을 두고 있다. 유전자 해석에 따르면 우형 결핵균은 3만 수천 년 전에 인형 결핵균에서 갈라져 나간 것으로 보인다.

가축에 기원을 둔 병원체는 인구 증가라는 좋은 토양을 얻어 인간 사회에 정착했다. 전문적인 용어로 얘기하자면, 병원체는 새로운 '생태적 지위(ecological niche)'를 획득한 것이다.

생물에게는 각자 살아가는 데 없어서는 안 될 환경이 있다. 생물들은 생태계 속에서 이런 환경을 차지하기 위해 경쟁을 벌인다. 이 경쟁에서 살아남아 얻은 지위를 생태적 지위라고 한다. 새로운 생태적 지위의 출현은 생물에게 적응방산(適應放散 : 하나의 생물 종으로부터 다양한 종들이 빠르게 진화하는 현상―역주)과 같은 진화의 기회를 가져다준다.

눈부신 적응방산의 예로 지금으로부터 약 5억 년 전, 선캄브리아 시대에 일어난 다세포생물의 출현을 들 수 있다. 그시기에 오늘날 볼 수 있는 동물의 '문(門)'이 모두 갖춰졌다.

선캄브리아 시대에는 심해에서 얕은 바다로 진출한 생물이 광합성을 시작했다. 대기 중의 산소 농도가 올라가고 오존층이 형성됐다. 오존층이 태양의 자외선을 차단하면서 육상이 새로운 생태적 지위를 제공했다. 새로운 생태적 지위의 출현으로 지구상의 생물은 일거에 다양해졌다. 이와 비슷한 현상이 동물에 기원을 둔 병원체에게도 나타났다. 사람이 걸리는 감염병의 종류는 야생동물의 가축화로 단숨에 증가했다.

새로운 생태적 지위의 출현과 병원체의 다양성 획득이라는 면에서 보자면, 말라리아 원충의 사례를 참고할 만하다. 말라리아 원충 내의 미토콘드리아 유전자를 연구한 결과, 말라리아 원충이 2,000만~4,000만 년 전에 급속히 다양해졌다는 가설이 제시됐다. 이는 공룡의 절멸(6,500만 년 전)에 뒤이은 포유류의 적응방산 시기와 겹친다. 포유류라는 숙주의 폭발적 증가가 말라리아 원충에게 새로운 생태적 지위를 제공했고 그에 따라 원충의 다양화가 촉발됐을지도 모른다.

이상의 내용을 정리하자면 그림 1-8과 같이 된다. 농경의 개시는 식량 증산과 정주를 불러왔다. 식량 증산과 정주는 인구 증가를 야기했고, 그것은 새로운 감염병이 유행하기 좋은 토양을 제공했다. 한편 야생동물의 가축화는 경작 면적

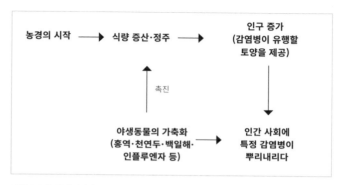

그림 1-8. 농경의 시작과 감염병의 출현

의 확대 등을 통해 식량 증산에 기여했다. 동시에 본래 야생 동물을 숙주로 삼던 병원체가 사람이라는 새로운 숙주(생태적 지위)를 얻어 다양성을 단숨에 증가시켰다.

질병과 문명의 판도라 상자

건강과 질병은 사람이 얼마나 환경에 적응했는지를 나타내는 척도라 할 수 있다. 여기서 말하는 환경이란 기후나 식생 등의 생물학적 환경은 물론, 사회문화적 환경까지도 아우르는 광의의 환경이다. 이런 생각은 다음과 같은 리반(Richard W. Lieban)의 정의와 겹친다.

> 건강과 질병은 생물학적, 문화적 자원을 지닌 인간 집단이 살아가면서 환경에 어떻게 적응하는지를 보는 유효성의 척도다.

이 주장에 따르면, 질병은 인간이 아직 주변 환경에 적응하지 못했음을 알려주는 신호다.

한편 환경은 늘 변화하는 것이다. 이는 곧 환경에 적응하려는 쪽도 부단한 변화가 필요하다는 뜻이다. 이런 관계는 소설 《거울 나라의 앨리스》 속 '붉은 여왕'의 말을 생각나게 한다. "이것 봐. 같은 장소에 있으려면 있는 힘껏 쉬지 않고 달려야 해."

환경이 변화하면 일시적인 부적응이 일어난다. 변화의 정도가 크면 클수록, 또는 변화의 속도가 빠르면 빠를수록 부적응의 폭도 커진다. 농경의 시작은 인류에게 환경을 일변시킬 정도의 사건이었다. 긴 시간에 걸쳐 비교적 양호한 건강 상태를 유지하던 선사 인류는 농경 및 정주를 시작하면서 어떻게 변화에 적응할지를 두고 고심하게 됐으며, 어쩌면 그 고심은 지금도 계속되고 있는지 모른다.

인류는 자신들의 건강이나 질병에 큰 영향을 주는 환경을

그림 1-9. 판도라의 상자 제우스는 프로메테우스로부터 '불'을 받은 인간에게 크게 분노해 모든 재앙과 질병이 담긴 상자를 판도라에게 선물했다. 인간이 불을 사용한 대가를 판도라의 상자라는 재앙으로 표현한 그리스신화는 인류 문명의 발달이 끝내 인간 자신에게 재난과 해악이 될 수 있음을 경고한 것은 아닐까.

자신의 힘으로 바꿀 수 있는 능력을 손에 넣었다. 그것은 열어서는 안 될 '판도라의 상자'였을까? 무수한 재앙으로 가득

찼던 상자가 열렸을 때, 마지막까지 남은 것이 '엘피스' 한 조각이었다고 한다. 고대 그리스어로 엘피스는 '기대' 또는 '희망'으로 번역된다. 판도라의 상자를 둘러싼 해석은 두 가지다. 판도라의 상자가 많은 재앙을 세계에 퍼뜨렸지만 마지막에는 희망이 남았다는 설과, 희망 또는 기대가 남았기 때문에 인간은 절망할 수도 없이 희망과 함께 영원한 고통을 안고 살아갈 수밖에 없게 됐다는 설이다. 판도라의 상자 이야기는 다분히 의도적이지만 암시적이기도 하다.

제2장

세계사를
뒤바꾼
팬데믹

1. 고대 문명이 깨어나다

고대 문명은
자신이 키운 감염병에 어떻게 대처했을까?

메소포타미아 문명

농경의 개시는 정주 이외에도 사회에 다양한 영향을 가져다
줬다. 농경 사회는 특정한 사회 기구, 더 직설적으로는 지배
기구가 필요했다. 생산을 관리하고 분배하는 왕권 기구나 관
료 기구가 필요했으며, 그것을 정당화하는 종교 기구가 필
요했다. 그리고 이것들을 떠받친 것이 농경이 만들어낸 잉여
식량이었다. 잉여 식량의 산물인 사회 기구가 식량 증산에
기여했고, 그것은 더 많은 잉여 식량을 낳았다. 이 같은 순환
은 사회 기구를 더 견고하고, 더 복잡하며, 더 거대하게 만들

었다. 문명의 발흥이다.

지금으로부터 약 5,000년 전 '비옥한 초승달 지대'인 메소포타미아에 도시국가가 세워졌다. 서력으로 보자면 기원전 3,500년 무렵의 일이다. 메소포타미아는 그리스어로 '강들의 사이'라는 의미다. 문명의 요람이 된 이곳이 티그리스강과 유프라테스강 사이에 있었기에 붙은 이름이다. 메소포타미아 문명은 이 땅에서 태어난 문명의 총칭이며, 세계 최고(最古)의 문명 중 하나이다.

메소포타미아 문명은 달이 차고 이지러지는 것으로 날짜를 계산하는 태음력을 채용했고, 60진법을 이용한 계산법과 쐐기문자를 썼다. 문명을 창조한 민족은 수메르인이라고 하는데, 그 계통은 분명하지 않다.

메소포타미아 땅에 탄생한 문명은 이 땅이 보리(농경)와 양(가축화)의 원산지였다는 사실과 관련이 있다. 약 1만1,000년 전, 이 땅에서 보리를 재배하는 농경이 시작됐다. 그것이 문명의 발흥으로 이어졌다.

충적토로 덮인 메소포타미아 땅은 매우 비옥해 보리 수확량 배율(한 알의 보리에서 몇 알의 보리가 수확되는지를 나타내는 비율)이 70배나 됐다고 한다. 이 비옥한 땅을 둘러싸고 수메르, 바빌로

니아, 히타이트, 아시리아, 페르시아 등의 제국들이 흥망을 거듭했다.

길가메시와 전염병의 신

19세기경 아시리아 유적에서 발견된 유물 중 하나인 〈길가메시 서사시〉를 보면 이 문명의 땅에 존재했던 전염병의 모습을 확인할 수 있다. 이 서사시의 제목은 작품의 주인공이자 수메르의 도시국가 우르크에 실존했던 왕인 길가메시의 이름에서 따온 것이다. 서사시에서는 '대홍수보다 큰' 네 가지 재앙 가운데 하나로 전염병의 신이 찾아온 것을 들고 있다. 이것은 홍역이나 천연두 같은 급성 감염병이 문명 내에서 주기적으로 유행한 것을 가리키는 건지도 모른다. 메소포타미아 문명은 인류 역사상 최초로 급성 감염병이 주기적으로 유행하는 데 필요한 대규모 인구를 보유한 문명이었다.

대홍수로 문명이 소멸한 적이 없는 것처럼, 급성 감염병도 문명을 완전히 파괴한 적은 없다. 오히려 급성 감염병이 문명의 중심지를 노리는 주변 집단에 대한 생물학적 장벽으로 작용했을 가능성도 있다.

급성 감염병을 보유한 사회는 그것이 유행할 때마다 일정

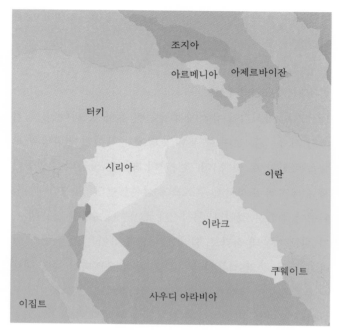

그림 2-1. 메소포타미아 지방 주변 문명의 중심지는 그 자신이 잉태한 감염병에 의해 고통 받으면서도 한편으론 감염병의 보호를 받기도 했다.

규모의 인구를 항상적으로 잃게 된다. 그러나 살아남은 이들은 면역력을 갖게 되고, 획득한 면역력으로 그 이후의 감염을 피할 수 있다.

한편 급성 감염병을 보유하지 못한 사회 — 항상적 유행이 없

지도 레이블 (그림 내): 조지아, 아르메니아, 아제르바이잔, 터키, 시리아, 이란, 이라크, 쿠웨이트, 사우디 아라비아, 이집트

는 사회—는 일상생활에서 감염병으로 인한 피해를 입진 않는다. 그러나 한번 감염병이 사회에 유입될 경우, 그 피해는 감염병을 보유한 사회와는 비교할 수 없을 정도로 커진다.

그 결과 다음과 같은 일이 일어난다. 문명 주변에 위치한, 급성 감염병을 갖지 못한 이들은 바로 그렇기에 건강한 삶과 인구 증가를 향유할 수 있다. 그리고 늘어난 인구의 압력을 받아 문명의 중심부를 노리게 된다. 그러나 그런 주변부 사람들이 한번이라도 문명의 중심부 사람과 접촉할 경우, 문명이 보유한 감염병으로 인구동태에 변화가 생길 정도의 영향을 받게 된다. 주변부 집단이 새로운 문명 담당자가 되려면 기존의 문명이 보유한 생물학적 장벽을 극복해야 한다. 이 같은 양자 관계는 역사 속에서 거듭 나타났다.

길가메시 서사시에는 이런 이야기도 남아 있다.

메소포타미아는 당시부터 삼림 자원이 부족했다. 하지만 마을을 건설하고 싶었던 왕 길가메시는 목재를 구하기 위해 친구 엔키두와 함께 여행을 떠난다. 재앙이 찾아올 것이니 그만두라는 주위의 제지를 뿌리치고서. 그들이 도착한 숲에는 훔바바라는 정령이 살고 있었다. 훔바바는 숲을 지키기 위해 길가메시 일행과 싸우지만, 최후에 엔키두의 칼에 머

그림 2-2. 엔키두(좌)와 훔바바(우) 엔키두는 길가메시를 도와 훔바바와 하늘의 황소를 죽였고 그 때문에 저주를 받아 병에 걸려 죽었다. 친구 엔키두의 죽음에 큰 충격을 받은 길가메시는 이후 영생을 찾는 여행을 떠난다.

리가 잘려 쓰러지고 만다. 잘린 머리는 통과 같은 것에 넣어졌다. 훔바바가 죽임을 당한 뒤 "그저 충만한 것이 산에 가득했다"고 한다. 그리하여 숲은 신으로부터 해방돼 인간의 것이 됐다.

엔키두를 타타라 마을의 에보시, 훔바바를 시시가미로 바꾸면 극장판 애니메이션 《모노노케 히메》의 내용과 꼭 들어맞는다. 문명의 발전과 자연 파괴.

자연 파괴는 끝내 인간에 대한 보복으로 돌아온다. 메소포타미아 땅에서 벌어진 삼림 벌채는 땅을 사막화시켰고 염해(鹽害)를 불러왔다. 이것이 문명 쇠퇴의 원인이 됐다.

황허강과 양쯔강

극동 아시아에서는 기원전 600년 무렵부터 황허강의 범람원에서 농경이 비약적으로 발전했다. 농경의 주역은 쌀 재배였다. 덧붙여서 메소포타미아에서는 보리, 동아시아에서는 피·조·벼, 신대륙에서는 옥수수와 감자가 농경 초기의 주요 작물이었다.

벼농사에는 관개 등의 대규모 토목 기술이 필요했다. 관개는 범람원을 농지로 바꿨다. 제방을 구축하고, 배수 기술을 도입하며, 운하를 건설하는 등의 기술과 이 기술을 지닌 전문가들을 떠받친 것은 잉여 식량과 통치 기구였다. 그리하여 황허강의 범람원이었던 땅에 문명이라 부를 만한 사회가 발흥했다.

한편 중국 대륙에는 양쯔강이라는 또 하나의 거대한 강이

禹

克勤于邦　烝民乃粒
應敎在前　嚴中允執
惡洫好言　九叙由立
不伐不矜　振古英及

그림 2-3. 우 임금의 초상 우(禹) 임금은 황허강의 범람을 잘 다스린 공로로 왕위에 올라 하(夏)나라를 세웠다고 전해진다.

있는데, 이 지역이 본격적으로 개발된 것은 한(漢) 왕조가 망한 이후(3세기 반 무렵)의 일이었다. 황허강 유역과 양쯔강 유역의 인구 비율은 전한(前漢, 1세기) 시대에 9 대 1이었으나 8세기에는 6.5 대 3.5가 됐고, 11세기에 들어서면서 3.5 대 6.5로 역전됐다.

양쯔강이 황허강보다 1,000년이나 늦게 개발된 것은 풍토병 때문이었다. 온난하고 비가 많은 이 지역의 기후는 황허강의 범람원 이상으로 농경 발달에 유리하게 작용했을 가능성이 높다. 그럼에도 양자 사이에 이만큼의 시간적 차이가 생긴 것에 대해선, 풍토병 외에 다른 이유를 생각할 수 없다. 중국의 역사가 사마천(기원전 145~?)도 《사기》에 "양쯔강 이남은 습기가 많아 성인 남자가 젊어서 죽는 경우가 많다"고 기록했다.

문명의 질병 레퍼토리

주혈흡충이라는 기생충의 알이 양쯔강 중하류에 있는 후난성(湖南省)에서 발굴된 1,000년도 더 된 옛 미라에서 발견됐다. 주혈흡충은 사람과 담수 고둥을 숙주로 하는 기생충으로, 감염되면 사망률은 낮지만 쇠약해지거나 발육에 영향을 받게 된다. 중증의 경우 방광, 소화관, 간 등에 만성 장애가 발생한다. 주혈흡충증이 언제부터 인간의 감염병이 됐는지는 확실하지 않으나, 인류의 조상들이 담수를 생활이나 농업에 이용하게 됐을 때 이 기생충은 인류와 끊으려야 끊을 수 없는 관계를 맺게 됐다.

기원전 3세기 무렵의 중국에서는 십이지장충병을 '먹을 수 있는데도 게을러서 일하지 않는 황색 병'이라고 불렀다. 빈혈로 유발되는 기면(嗜眠 : 잠만 자는 상태) 때문에 이런 이름이 붙은 것이다. 십이지장충은 소화관에 기생하는 기생충으로 주로 철분 결핍성 빈혈을 일으킨다. 그 때문에 환자는 쇠약해지고 기면 증상을 나타낸다.

이런 기생충 질환 이외에도, 말라리아나 뎅기열은 지금도 중국 남방 지역에서 집중적으로 발견된다. 유일한 예외는 북방에 더 많은 칼라아자르(kala-azar, 내장리슈마니아증)다. 칼라아자르는 리슈마니아라는 기생충에 의한 감염병으로, 응애(sand fly)가 매개한다. 2~6개월의 잠복 기간 뒤 간장과 비장의 종양, 복부 팽만, 고도의 빈혈 증세를 일으킨다. 중국, 남아시아, 중근동, 북아메리카, 중남미에서 유행하는 병이다.

문명이 주변 지역으로 확대될 때는 건조나 한랭 등의 기상 조건이나 산맥이나 해양 등의 지리적 조건이 장벽으로 작용하는 경우가 많다. 그러나 황허강과 양쯔강의 경우는 문명의 확대를 가로막은 장벽이 다름 아닌 감염병이었다는 사실을 보여준다.

그럼에도 황허강 범람원의 문명은 끝내 양쯔강 유역을 그 영향 아래에 두는 데 성공한다. 그것은 동시에 황허 문명이 새로운 감염병을 자신의 레퍼토리에 추가했다는 걸 의미한다. 문명이 보유하는 질병 레퍼토리는 이런 과정을 거치며 풍성해지는 것이다.

인더스 문명

인도 아대륙은 극한(極寒)의 히말라야에서 작열하는 데칸고원에 이르기까지, 또 비가 오지 않는 북서 타밀 지방에서 연강수량이 1만 밀리미터를 넘는 아삼과 벵갈 지방까지를 아우른다. 여기에 처음 문명이 수립된 것은 기원전 3000년 무렵의 일이라고 한다. 인더스강이 히말라야 고원지대에서 흘러오는 동안 점점 사막이 늘어나는 반건조 지대에서 문명은 발흥했다. 고대 메소포타미아나 이집트의 경관을 이 지역 문명도 공유한 것이다. 이 문명을 인더스 문명이라 부른다. 인더스 문명에서는 큰 강 주변에 크고 작은 도시국가들이 세워졌다. 눈 녹은 물을 나르는 강은 교통로로서 각 도시를 연결했으며, 도시에서 만들어진 산물은 아라비아해를 건너 메소포타미아까지도 운반됐다.

기원전 1500년께 아리아인이 중앙아시아에서 카이바르 고개(Khyber Pass)를 넘어 인도로 침입했다. 이 침입을 계기로 그때까지 문명을 담당했던 사람들은 남인도로 이주했고, 기원전 8세기 무렵에는 아리아인이 세운 문명이 인도 북서부에 수립됐다.

같은 시기에 인도 아대륙의 동쪽 갠지스강 유역에서도 작은 도시국가가 발달하기 시작했다. 계절풍으로 풍부해진 비가 흘러내린 갠지스강 유역은 인도에서도 가장 농경을 하기 좋은 토지 가운데 하나였으나, 동시에 고온다습한 기후는 이 지역에 감염병을 유행시켰다. 인도 북서부의 사회와 갠지스강 유역의 사회가 보유한 '질병 레퍼토리'는 동등하지 않았다. 이 지역 간의 차이는 중국에서의 그것보다 훨씬 더 큰 것이었을지 모른다.

감염병을 막는 카스트제도?

고온다습한 갠지스강 유역 문명의 감염병은 인더스강 유역 문명의 주민들을 압도했다. 그것이 인더스 사회에 카스트제도를 가져다줬다고 주장하는 연구자도 있다. 카스트제도란 기원전 13세기 무렵 아리아인이 인도를 지배하면서 만든 계급적 신분제도다. 이 사회제도 안에서는 계급 간의 이동이 허용되지 않고, 계급이 부모에서 자식에게로 계승되며, 결혼 또한 같은 계급 안에서만 해야 한다. 인종차별적인 제도이기에 지금은 헌법으로 금지돼 있다.

이 카스트제도에 대해 역사연구자 윌리엄 맥닐(William H. McNeill, 1917~2016)은 저서 《전염병과 세계사》에서 다음과 같이 기술했다.

물론 그밖에도 여러 요소나 사고방식이 인도 사회의 카스트 원리의 형성과 유지에 영향을 끼쳤다. 하지만 카스트의 틀을 넘어 신체적 접촉을 하는 것에 대한 금기의 존재나 그런 터부를 무심코 범했을 경우 몸을 정화하기 위해 지켜야 할 꼼꼼한 규정들은, 카스트를 통해 차츰 인도 사회에 정착하게 된 여러 사

회집단들이 서로 간에 안전한 거리를 확보해야겠다
고 결정하는 과정에서 질병에 대한 두려움이 얼마나
중요한 동기로 작용했는지를 암시한다.

문화인류학자인 카와키타 지로(川喜田二郎, 1920~2009) 또한
카스트제도의 기원에 정(浄 : 깨끗함)과 부정(不浄 : 불결함)을 기준
으로 사회 구성원의 교류를 관리하고, 감염병 유행을 피하
려 한 의도가 있었다고 말한다. 앞서 소개한 맥닐과 같은 가
설이다. 물론 이에 대해선 반대 의견도 있다.

한편 역학(疫學 : 전염병학)의 관점에서는, 이를 선별적 교류
를 하는 집단의 감염병 유행 문제로 볼 수도 있다.

사람들의 교류 패턴과 감염병

감염병의 유행 양상은 사람들의 교류 패턴에 의해 규정된다.
사람들의 교류 패턴은 크게 두 가지로 나눌 수 있다. '무작위
(random) 교류'와 '선별적 교류'다. 선별적 교류는 다시 정(正)
선별적 교류와 역(逆)선별적 교류로 나눌 수 있다. 전자는 같
은 사회인구학적 속성의 사람들이 선택적으로 교류하는 것
을 말하며, 후자는 속성이 다른 사람들이 선택적으로 교류

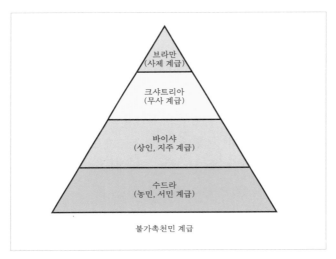

그림 2-4. 카스트제도의 신분 계급 카스트제도는 본래 직업의 분업화, 동일 직업 내에서의 교류와 계승이 가장 큰 목적이었을 것이다. 또한 이 제도로 인해 집단 간 전염병의 전파 속도도 매우 느렸을 것이다. 하지만 시간이 흐르면서 카스트제도는 최악의 차별 제도로 변질돼 지금에 이르고 있다.

하는 것을 말한다. 단, 이론적으로 상정할 수는 있지만 현실 사회에서 역선별적 교류를 보기는 거의 불가능하다. 사람들의 행동은 대개 동질 집단 내의 교류로 완결되는 경우가 많고, 서로 다른 행동 양식을 지닌 사람들이 굳이 관계성을 추구하는 상황은 사회학적으로는 상정하기 어렵기 때문이다.

다시 말해 대다수 사회가 정선별적 교류를 하는데, 카스트는 이 정선별적 교류를 한층 더 강화하는 사회제도인 것이다.

감염병의 수리(數理) 모델에 따르면, 무작위 교류가 이뤄지는 사회에 병원체가 유입될 경우 초기의 유행 속도는 완만하지만, 최종적인 유행 규모는 선별적 교류가 이뤄지는 사회보다 크다고 한다. 그와 반대로 카스트제도 등으로 선별적 교류가 강화된 사회에서는 유행 초기에 감염이 더 빨리 확대되지만 최종적인 유행 규모는 작아진다.

한편 카스트제도가 감염병의 온상이 된 예도 알려져 있다. 칼라아자르 환자가 가축과 직접 접촉하는 카스트 가운데서 많이 발생했다는 것이다.

역학적으로 말하면, 카스트제도가 감염병의 유행을 줄이기 위한 사회제도였다는 설은 반드시 타당하다고 할 수 없다. 다만 역사적으로는 그런 믿음이 있었을지도 모른다. 당시는 이 같은 사실을 역학적으로 검증할 방법이 없었고, 격리가 감염병에 비교적 효과적인 대책이었을 테니, 사회의 계층화가 감염병을 막아줄 것이라고 당시 사람들이 믿었다고 해도 이상할 것은 없다.

문명 얘기로 되돌아가면, 인도 북서부에서 발생한 문명은 그럭저럭 갠지스강 유역의, 감염 가능성이 높은 지대에 '적응'하는 데 성공했다. 그 시점에서 인더스 문명이 갠지스강과 같은 경관을 지닌 브라마푸트라강이나 메콩강 유역으로 진출하는 것을 저지할 만한 장애물은 이미 없었다. 그리하여 갠지스강 유역의 질병 레퍼토리를 자신의 문명에 추가한 인도는 기원후 몇 세기 동안 인도네시아의 섬들을 포함한 '대인도'를 형성해가게 된다.

문명과 감염병의 어울림, 그 기본 구조

메소포타미아, 중국, 인도 아대륙 등 각각의 땅에서 발흥한 문명과 풍토, 감염병과 사회에 대해 개략적으로 살펴봤다. 거기에는 '감염병과 문명'을 둘러싼 몇 가지 기본 구조가 존재한다는 것을 알 수 있다.

첫 번째 기본 구조는 문명이 '감염병의 요람'으로 기능했다는 사실이다. 메소포타미아로 대표되는 문명은 인구 증가를 통해 홍역과 천연두, 백일해에게 그것들이 유행할 수 있는 토양을 제공했다. 결과적으로 이들 감염병은 인류 사회에 정착하는 데 성공한다.

두 번째는 문명 속에서 배양된 감염병이 생물학적 장벽으로서 문명을 보호하는 역할을 했다는 사실이다. 메소포타미아 문명에서 그 구조의 원형을 찾아볼 수 있다.

세 번째는 문명이 확대되는 과정에서 주변의 감염병을 거둬들여 해당 문명의 질병 레퍼토리를 증대시킨다는 사실이다. 문명이 거둬들인 감염병은 그 뒤 문명을 지키는 생물학적 방어벽이 되는 동시에 문명의 확대를 지원하는 강력한 도구가 됐다. 중국 문명 및 인더스 문명에서 그 구조의 원형을 볼 수 있다.

각각의 문명이 어떤 감염병을 '원시 감염병'으로 선택할지는 문명이 지닌 풍토적, 생태학적, 사회학적 제약에 의해 규정된다. 일단 선택된 전염병은 문명 안에 널리 정착되고 사람들의 생활에 항상적인 영향을 주는 동시에 문명에 소속된 집단에 면역력을 부여한다. 그 결과 감염병은 문명의 생물학적 공격 기구, 또는 방어 기구로 기능한다. 이 같은 고찰은 역사 속에서 감염병과 문명을 이해하기 위한 하나의 틀을 제공한다.

2. 유라시아 대륙의 전염병 교환

유라시아의 여러 국가를 휩쓴 대표적인 질병이
바로 페스트다. 페스트는 고대, 중세, 근대
인류 문명에 각각 어떤 영향을 미쳤을까?

중국발 페스트

서력의 기원이 시작될 무렵, 세계에는 적어도 네 개의 문명
화된 지역에 질병이 상주하고 있었다. 동쪽에서부터 중국,
인도, 서아시아, 그리고 지중해 세계다. 서아시아는 메소포
타미아를 그 원류로 했고, 지중해 세계는 이집트 및 그리스
를 포함했다. 각각의 문명은 풍토나 역사에 대응하듯 고유의
질병(원시 질병)을 갖고 있었다.

그중 하나가 중국의 페스트다.

2010년 10월 31일 발행된 《네이처 제네틱스》(전자판)에 국

제연구팀이 작성한 하나의 논문이 발표됐다. 그 논문은 세계 각지에서 수집한 17종의 페스트균의 유전자 배열로 밝혀낸 페스트균의 공통 조상이 중국에 그 기원을 두고 있을 가능성이 높다는 것, 이 균이 '실크로드'를 통해 유라시아 대륙 서쪽까지 도달했을 가능성이 있다는 것, 그리고 중국 명(明) 왕조(1368~1644) 때 실시된 정화(1371~1434)의 대항해도 페스트 확대에 기여했을 가능성이 있다는 것 등을 보고했다.

정화는 본성이 마(馬)였다고 한다. 영락제의 환관으로 일하다가 군사적 공적을 쌓아 중용됐고, 남해로의 항해 임무를 받았다. 윈난성(雲南省) 출신인 그의 조상은 칭기즈칸의 중앙아시아 원정 때 귀순한 이슬람교도로, 정화 자신도 이슬람교도였다.

정화의 항해는 모두 일곱 차례 이뤄졌는데, 그가 이끈 함대는 인도에서 아라비아반도, 멀리 아프리카 케냐에까지 이르렀다. 청대에 편집된 역사서 《명사》에 따르면 첫 번째 항해는 62척의 선단과 2만7,800명의 승무원을 동원한 대규모 원정이었다고 한다.

중국발 페스트처럼 각자의 지역에 상시적으로 머물던 원시 질병은 정화의 대항해와 유라시아 대륙을 횡단하는 교역

그림 2-5. 정화의 항해로 정화는 함대를 다시 몇 개의 분함대로 나누어 아시아와 아프리카 각지로 파견했는데, 이때 개척된 항로는 질병의 이동 통로가 되기도 했다.

그림 2-6. 정화 함대의 기함 중국 홍콩에 전시돼 있는 정화 함대의 기함 모형. 이 배는 콜럼버스가 신대륙을 탐험할 때 탔던 산타 마리아호보다 몇 배는 컸을 것으로 추정된다.

로 정비라는 상호 교류의 질적 또는 양적 변화에 맞춰 각지로 퍼져가게 됐다.

실크로드

유라시아 대륙에서는 1세기부터 2세기에 걸쳐 교역에 대한 열망으로 가득한 사람들과 이들을 안전하게 보호할 여건이 갖춰지면서 본격적인 동서 교류가 시작됐다. 수백, 수천의 사람들이 대상(隊商)을 꾸리고 중국과 지중해 세계를 잇는 교역로를 오가기 시작했다. '실크로드'가 성립된 것이다.

그림 2-7. 안토니우스 역병과 죽음의 천사 165년 로마에서 유행했던 전염병을 묘사한 그림. 죽음의 천사가 문을 치고 들어가려 하고 있다. 당시 전염병은 천연두나 홍역이었을 것으로 추측된다.

이 명칭은 19세기 독일의 지리학자 리히트호펜(Ferdinand von Richthofen, 1833~1905)이 자신의 책 《중국》에서 처음 쓴 것이 그 시초로 보인다. 리히트호펜의 제자였던 스웨덴의 탐험가 스벤 헤딘(Sven Hedin, 1865~1952)은 1936년에 《실크로드》라는 제목의 중앙아시아 여행기를 썼다. '실크로드'의 성립은 유라시아 대륙의 각 문명이 지닌 원시 질병의 교환을 촉발했다. 중국에 기원을 둔 페스트가 대륙의 서쪽 끝으로 유입된 것도 그런 교환과 균질화의 한 예로 생각할 수 있다. 이 시기 공화정 로마(기원전 509~기원전 27)에서는 적어도 열 차례 이상 전염병이 유행했다. 또 2세기에 메소포타미아 원정에서 돌아온 군대에 의해 유입된 전염병은 로마제국 전역에 퍼져 15년 넘게 지중해 세계에서 유행했다고 한다.

유스티니아누스의 페스트

경건한 기독교도였던 동로마제국(비잔틴제국)의 황제 유스티니아누스(Justinian I, 재위 527~565)는 고대 로마제국의 부활을 꿈꿨다. 유스티니아누스는 《로마법 대전》을 편찬하고 아야소피아(Ayasofya) 대성당을 재건하는 동시에 이탈리아반도와 아프리카로 진출해 고대 로마제국의 땅인 이탈리아를 제국의 강역으로 복귀시켰다. 그런 유스티니아누스의 꿈을 깨뜨린 것이 페스트였다.

페스트는 542년부터 750년에 이르기까지 수도 콘스탄티노플(지금의 이스탄불)을 지속적으로 덮쳤다. 특히 542년의 유행은 '유스티니아누스의 페스트'라 불렸는데, 절정기에는 수도 콘스탄티노플에서만 하루에 1만 명이 사망했다고 한다. 페스트는 항구에서 내륙으로 퍼져 지중해 세계 인구의 4분의 1을 죽였다. 유해가 너무 많아 제때에 매장할 수조차 없었다. 사체를 높이 쌓아올릴 수 있도록 콘스탄티노플에 있던 요새의 지붕을 제거했고, 일부 사체는 뗏목에 실어 바다로 흘려보냈다.

이를 계기로 동로마제국은 쇠퇴하고, 이후 서아시아에 본거지를 둔 이슬람교도가 지중해 세계에서 활발하게 활동하게 된다. 이슬람 군은 636년 야르무크 전투를 통해 비잔틴 군을 시리아에서 몰아냈고, 642년에는 알렉산드리아를 점령했으며, 652년에는 시칠리아섬을 지배했다.

이 시기 동로마제국은 장기간 이어진 인구 감소로 어려움을 겪었다. 서기 1년 무렵까지만 해도 3,300만이던 지중해 세계의 유럽인은 600년간 약 1,500만 명이 줄어 1,800만 명

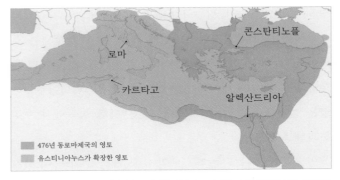

그림 2-8. 유스티니아누스 시기의 동로마제국 영토 유스티니아누스의 활발한 정복 사업으로 확장된 영토는 이후 페스트의 유행과 함께 급속히 줄어든다.

만 남게 됐다. 거듭된 페스트의 유행이 그 원인 중 하나였음은 분명하다.

대륙 동서에서 제국의 꿈을 물거품으로 만들다

같은 시기 중국에서도 인구 감소가 기록됐다. 589년, 수(隋)가 남조의 진(陳)을 멸하고 서진(西晉) 이래 405년 만에 중국 통일을 완수했다. 통일을 이룩한 수 황제는 대규모 토목 사업에 착수하는 동시에 세 번에 걸친 고구려 원정을 감행했다. 그러나 원정은 세 번 모두 실패로 끝난다. 고구려 원정 실패, 대규모 토목 사업에 따른 재정난으로 중국을 통일한

지 30년 만에 수는 멸망한다. 618년의 일이다.

그런데 수나라 말기인 610년에 페스트가 유행했다는 기록이 있다. 그 뒤 반세기 동안 페스트는 적어도 일곱 차례 유행했다. 유라시아 대륙의 서쪽에서 황제 유스티니아누스의 꿈을 물거품으로 만든 페스트는 같은 대륙 동쪽에서 수의 붕괴를 촉진했다.

인구 감소, 거듭되는 페스트의 유행, 제국의 쇠퇴. 이 시기 대륙의 동서에서는 몇 가지 공통점이 발견된다. 이는 우연의 일치인가, 아니면 모종의 개연성을 갖춘 사건인가.

중국에 기원을 둔 페스트는 늦어도 서력이 시작될 무렵에는 서아시아와 인도 북부 등 유라시아 대륙의 반(半)건조지까지 세력을 확대했다. 물론 이 지역들도 페스트로 인한 피해를 입었을 것이다. 그러나 그 규모는 대륙의 동서와 비교하면 경미했다. 최소한 서아시아나 인도에서 지중해 세계나 중국에서 관찰된 것과 같은 수준의 인구 감소가 관찰된 적은 없다. 예컨대 고대 수로 체계를 조사한 결과, 메소포타미아의 인구가 기원후 200년부터 600년 사이에 정점에 도달했다는 사실이 밝혀졌다. 이는 동로마제국과 중국에서 페스트가 인구에 깊은 상처를 줬던 시기와 일치한다.

지중해 세계에서 모습을 감추다

동로마제국을 덮쳤던 페스트는 542년의 유행(유스티니아누스의 페스트) 이후 적어도 8세기 중반까지 서아시아에서 거듭 유행했다. 8세기에는 에게해의 섬들이나 그리스 남부에서도 유행한 사실이 확인된다.

그럼에도 페스트는 지중해 세계에서 돌연 자취를 감춘다. 750년 전후의 시점부터 11세기에 다시 등장해 유럽을 덮칠 때까지 약 300년간 페스트는 적어도 지중해 세계에서는 발견되지 않았다.

페스트가 사라진 이유로 기후변동을 드는 연구자도 있다. 이 시기는 중세 온난기(800~1300)와 겹친다. 온난기가 끝난 뒤엔 소빙하기라 불리는 한랭기가 찾아오는데, 그 무렵부터 유럽에서는 다시 페스트가 유행하기 시작했다.

기후변동과 유행의 인과관계에 대해서는 다음과 같은 가능성이 지적되고 있다. 페스트는 원래 설치류, 특히 초원에 서식하는 곰쥐를 숙주로 삼는다. 페스트균을 보유한 쥐의 혈액을 빤 벼룩(열대쥐벼룩)이 사람의 피를 빨면서 감염이 이루어진다. 즉, 기후변동으로 숙주인 곰쥐의 서식지가 영향을 받게 된 것이 페스트의 유행에 영향을 끼쳤다는 주장이다. 이

에 대해선 이론(異論)도 많지만 기온과 페스트의 유행 사이에
는 어쩌면 어떤 생태학적 의미가 감춰져 있을지 모른다.

재앙이 돌아온 이유

'실크로드'의 등장으로 초래된 역학(疫學)적 균형의 교란도 9
세기 무렵에 이르러 일종의 안정 상태에 도달했다. 중국도
지중해 세계도 6~7세기 이후 인구가 증가세로 돌아섰다. 이
는 지역을 덮친 감염병에 대해 이들 지역이 일종의 적응을
했기 때문인지도 모른다. 그러나 일시적으로 안정을 회복한
듯 보였던 유라시아 대륙의 역학적 균형은 11세기부터 14
세기에 걸쳐 다시 혼란에 빠진다.

여기에는 두 가지 요인이 있었다. 첫째는 유라시아 대륙
의 양쪽 끝에 있는 중국과 유럽에서 인구가 급증했다는 점
이다. 중국의 인구는 서기 1200년께 1억 명을 넘었다. 유럽
역시 서력 1년부터 600년까지 1,500만 명이나 감소했던 인
구가 700년에는 7,000만 명이 되면서 네 배 가까이 늘었다.

둘째는 대륙을 잇는 교통망이 기존과는 차원이 다른 규모
로 발달했다는 점이다. 이 시기 유라시아를 횡단하는 대상
교통망은 몽골제국의 지배 아래 눈부시게 발전했다. 몽골제

그림 2-9. 몽골제국의 교통망 무라카미 요이치로(村上陽一郎)의 《페스트 대유행》에서 발췌.

국의 세력이 절정에 도달한 13세기 후반, 그 판도는 현재의 중국 전역과 러시아 대부분, 중앙아시아, 이란, 이라크를 아울렀다. 이 광대한 판도가 일대 교통망으로 연결됐다.

교통의 발달과 인구의 증가는 어느 시대에나 역학적 평형의 최대 교란 요인이다. 15세기에 시작된 대항해나 20세기에 개막한 항공 시대 역시 역학적 교란을 야기했다.

그리하여 유라시아 대륙의 동서에서 다시 페스트가 유행하게 된다.

선페스트와 폐페스트

페스트는 그람 음성균(gram-negative bacteria)인 페스트균(에르

시니아 페스티스)에 의해 발생하는 감염병이다. 초발 증상으로 전신 권태감과 고열이 나타나는데, 그 뒤의 경과에 따라 두 가지 형태로 분류된다.

일반적인 형태의 페스트를 선(腺)페스트라 부른다. 전신 권태감과 고열 뒤 겨드랑이 밑이나 샅굴부위 림프샘에 종창(腫脹)이 생긴다. 종창이 생긴 림프샘은 주먹 크기로 부어오르는데, 선(腺=샘)페스트라는 이름도 여기서 유래됐다. 이 형태에서는 페스트균이 만들어내는 독소로 신경계가 마비돼 의식 혼탁이나 착란이 일어난다. 혈액을 통해 온몸으로 운반된 페스트균이 패혈증을 일으키면 피부에 출혈성 자반(紫斑 : 보라색 반점 또는 얼룩)이 나타난다. 환자가 죽을지 회복할지는 이 시기에 결정된다. 이 출혈반(出血斑) 때문에 페스트는 흑사병(黑死病)이라고도 불렸다. 변변한 항생물질도 없는 시대에 이 같은 증세가 나타날 경우 치사율은 50퍼센트가 넘었다.

또 다른 형태의 페스트를 폐(肺)페스트라 부른다. 폐페스트는 선페스트의 유행에 뒤이어 일어나는 경우가 많다. 피부 증상이나 림프샘 종창은 보이지 않거나 경미하지만, 혈담이나 객혈(피 또는 피 섞인 가래를 토하는 것) 등의 폐 증상이 나타난다. 또한 환자의 기침 등으로 비말 감염도 일어난다. 치료하지 않을 경우의 치사율은 거의 100퍼센트였다.

중세 유럽에서 유행했던 페스트의 기원에 대해서는 몇 가지 설이 있는데, 중앙아시아에서 최초로 발생했다는 점은 모두 일치한다. 이곳에서 중국으로 퍼진 페스트는 1334년 저장(浙江) 유역에서 대유행을 일으켰다. 한편 톈산(天山)산맥의 서북쪽을 경유한 페스트는 크림 반도에 이른 뒤 해로를 통해 유럽으로 퍼져갔다. 그 뒤 반세기에 걸쳐 유럽인들을 공포의 도가니에 몰아넣었다. 이 유행으로 죽은 사람의 수는 2,500만~3,000만 명이나 된다고 한다. 이는 유럽 전체 인구의 3분의 1에서 4분의 1에 이르는 엄청난 수치다.

보카치오가 묘사한 페스트

당시의 유럽 사회가 얼마나 이 질병을 두려워했는지는 조반니 보카치오(Giovanni Boccaccio, 1313~1375)의 《데카메론》에 자세히 나와 있다. 《데카메론》은 1348년에 유행한 페스트를 피하기 위해 어느 저택에 칩거한 세 명의 남자와 일곱 명의 여자, 총 열 사람이 지루함을 달래기 위해 나눈 짧은 이야기들을 모아놓은 것이다. 열흘 동안 열 사람이 각자 하루에 하나씩 이야기를 들려주기에 총 100개나 되는 이야기들은 색

정과 익살이 가득한 연애 이야기와 실패담으로 구성돼 있다. 인문주의 문학의 걸작으로 칭송받는 이 작품의 배경에는 페스트에 허덕이던 당시의 사회상이 짙게 드리워져 있다.

하루 천 명 이상이 병에 걸렸습니다. 간병해줄 사람도 없고 어떤 치료도 받을 수 없어 모두 덧없이 죽어갔습니다. 또 거리에서도 숱하게 많은 사람들이 밤낮없이 죽었습니다. 게다가 많은 사람이 자택 안에서 죽더라도 사체가 부패해서 악취를 풍길 때까지는 이웃이 알 수 없었습니다.

묘지만으로는 다 매장할 수가 없어서 굉장히 큰 구덩이를 판 뒤 그 안에 한 번에 몇 백 구씩 새로 도착한 사체를 집어넣었습니다. 배에 짐을 쌓을 때처럼 시체를 여러 겹으로 쌓았고 한 겹마다 그 위에 조금씩 흙을 뿌렸는데, 결국 이 구덩이마저 가득 차버렸습니다.

유럽을 휩쓸다

페스트는 1347년에 콘스탄티노플을 비롯해 지중해 주요 도

그림 2-10. 흑사병 사망자를 매장하는 시민들 당시 유럽은 전 인구의 50퍼센트가 감소했고 사망률이 80퍼센트가 넘는 지역도 있었다. 이탈리아와 프랑스 남부의 피해가 특히 심각했다.

그림 2-11. 흑사병 의사 흑사병이 유행할 무렵 등장한 특별한 직업이 '흑사병 의사'였는데 이들은 도시와 계약을 맺고 흑사병 환자를 치료하는 일을 했다.

시들에 이르렀다. 1348년에 들어서서는 1월에 아비뇽에서 발생한 것을 시작으로 4월에는 피렌체, 11월에는 런던까지 북상했고, 이듬해인 1349년에는 스웨덴, 폴란드에 이르렀으며, 1351년에는 러시아로 퍼졌다. 아비뇽에서는 교황 클레멘스 6세의 시의(侍醫)였던 기 드 숄리아크(Guy de Chauliac, 1300?~1368)가, 잉글랜드에서는 스와인브로크의 르 베이커(Geoffrey le Baker, ?~1360)라는 사람이 페스트 유행 상황을 글로 남겼다.

영국을 덮친 페스트는 우선 잉글랜드를, 그 다음엔 스코틀랜드를 휩쓸었다.

결국 당대의 유럽인 중 그 누구도 페스트로부터 도망칠 수 없었다. 일시적으로 유행을 피하더라도 페스트는 다음번 유행 때 그 집단을 덮쳤다. 거주지나 종교, 생활양식과 무관하게 페스트는 유럽 전체를 휩쓸었다.

페스트 이후의 유럽

페스트가 유럽 사회에 가져다준 영향은 최소 세 가지이다. 첫째, 노동력의 급격한 감소가 임금 상승을 야기했다. 농민은 한층 운신의 폭이 넓어졌고, 농노나 거기에 의존한 장원

제도의 붕괴가 가속화했다. 그림 2-12는 페스트 유행 전후 잉글랜드 남부 쿠크스햄 장원의 손익계산을 보여준다. 지대나 소작료, 곡물과 가축의 판매 수입은 줄어든 가운데 장원 노동자에게 지불한 임금이 증가한 것을 알 수 있다. 그 결과 구매력이 올라간 노동자들은 이전까지 경험한 적 없는 경제적 여유를 갖게 됐다.

둘째, 교회가 권위를 잃고 반대로 국가라는 존재가 사람들 의식 속에 등장했다.

셋째, 인재(人材)가 바닥나면서 기존 제도 아래에서는 등용될 수 없었던 인물들이 등용됐고, 이는 사회나 사상의 틀을 바꾸는 하나의 원동력으로 작용했다. 결과적으로 봉건적 신분제도는 실질적으로 해체되기 시작했다. 이것은 동시에 새로운 가치관의 창조로 이어졌다.

반세기에 걸친 페스트의 공포 이후, 유럽은 어떤 의미에서 평온하고 평화로운 시대를 맞았다. 그것이 내면적인 사색을 심화시켰다는 역사가도 있다. 기후 온난화도 일익을 맡았다. 이 같은 조건이 갖춰진 가운데 이윽고 유럽은 이탈리아를 중심으로 르네상스를 맞이하며 문화적 부흥을 이룬다. 페스트 이전과 이후를 비교하면, 유럽 사회는 완전히 다른 사

	1332/1333년	1350/1351년
<수입>		
지대 및 소작료	5.80	1.18
곡물 판매 수입	33.10	20.2
가축 판매 수입	6.5	3.9
축산물 판매 수입	2.7	0.17
기타	3	0.13
판매되지 않은 생산물	7.3	6.7
총계	57.13	33.6

<지출>		
건물·토지 이용을 위한 자산	5.11	3.17
임금	7.-	14.14
가축	4.15	1.10
파종용 종자	1.18	4.15
기타	8.3	4.9
총계	27.7	29.5

그림 2-12. 페스트 유행 전후의 쿠크스햄 장원의 손익계산 W. 아벨 작성. (단위: 파운드·실링)

회로 변모했다. 변모한 사회는 강력한 국가의 형성을 촉발했고, 중세는 종언을 고했다.

자취를 감춘 한센병

문화적 부흥만이 아니다. 페스트의 유행을 경계로 유럽 사회의 질병 구조도 바뀌었다. 가장 눈에 띄는 변화는 한센병 환자의 감소였다. 한센병은 항산균(抗酸菌)의 일종인 나병균(마이코박테리움 레프라)에 의해 발병하는 감염병이다. 코나 기도(氣道)로 감염되는데 감염력은 약하다. 잠복 기간은 평균 3~5년이지만 수십 년인 경우도 있다. 말초신경 장애와 피부병이 주된 증상으로, 말초신경 장애로 인한 눈병과 탈모, 얼굴 및 사지 변형 같은 외견상의 파손이 이 질병에 많은 편견을 야기했다.

페스트 유행 이전까지 유럽에서 한센병은 일관되게 중대한 질병이었다. 레프로사리움(leprosarium)이라는 한센병 요양소가 유럽 각지에 건설됐는데, 13세기 무렵에는 이러한 요양소의 수가 2만에 육박했다고 한다. 잉글랜드로 한정해도 이 시기에 약 320개의 레프로사리움이 운영되고 있었다.

그런데 14세기 이후로는 유럽에 새로운 레프로사리움이 건설되지 않는다. 치사율이 높은 페스트 때문에 많은 환자들이 죽은 건 거의 확실하다. 그러나 이 때문에 한센병 환자 발생 수가 급격히 감소했다고 보기는 어렵다. 그럼에도 1348년의 페스트 유행 이후 한센병 환자의 수가 유행 이전 수준으로 복귀하지 않은 것은 엄연한 역사적 사실이다.

한센병 감소의 원인은 아직까지도 특정할 수 없다. 이를 설명하는 가설로 질병 간의 경쟁을 드는 연구자도 있다. 결핵의 증가가 한센병을 억제했다는 것이다.

결핵균의 생존 전략

이 시기를 경계로 유럽에서 결핵 환자가 증가하고 한센병 환자가 감소한 것은 확실해 보인다. 생물학적으로 그 원인을 설명하려는 이들은 교차면역을 거론하곤 한다. 결핵균이 야기하는 면역반응과 한센병의 병원균이 야기하는 면역반응이 서로 영향을 끼쳐, 한쪽의 병원체에 감염되면 다른 쪽 병원체에 대한 저항성을 얻게 된다는 것이다. 이런 관계는 프람베시아(framboesia)와 진성 매독 사이에서도 찾아볼 수 있다. 프람베시아는 매독과 같은 트레포네마(treponema)에 의해 발병되는 감염병이다. 정확한 감염경로는 알 수 없지만 피부나 점막의 직접 접촉이 발병의 원인인 것으로 추정된다. 매독과 달리 선천성 감염이나 성행위에 의한 감염은 없지만 양자 사이에는 면역학적 간섭이 작동해 한쪽의 감염은 다른 쪽에 대한 면역력을 부여한다.

페스트 이후, 유럽의 도시화가 진행되는 가운데 어린 시절 결핵에 감염되는 사람의 수는 분명 늘어났으리라. 인구가 밀집한 사회에서는 공기로 감염되는 결핵이 한센병보다 감염되기 쉽다. 그 때문에 결핵의 평균 감염 연령은 이전보다 더 낮아졌을 가능성이 있다.

한편 이 시기에 결핵이 유행하면서 한센병 환자 다수도 결핵으로 사망했을 거라고 보는 연구자도 있다. 한센병의 면역 기능 저하가 결핵에 의한 치사율을 높였다는 것이다.

결핵균은 한센병의 병원균과 마찬가지로 항산균의 일종이다. 주요 감염 경로는 기도인데, 결핵균이 섞인 비말을 흡입함으로써 감염이 일어난다. 증상으로는 기침과 혈담, 객혈 등의 호흡기 증상과 발열, 발한, 권태감 등의 전신 증상이 있다. 결핵균에 감염됐다고 해서 반드시 발병하는 것은 아니며, 90퍼센트 이상의 사람은 발병하지 않고 일생을 보낸다. 이런 상태를 결핵균의 '휴면(休眠)'이라고 한다. 세계 인구의 3분의 1이 결핵균에 감염된 것으로 추정되는데, 그중 몇 퍼센트만이 발병한다. 발병했을 때 별도의 치료를 받지 못하면 5년 안에 약 절반이 사망하고, 20퍼센트가 만성화하며, 나머지 약 3분의 1이 자연 치유된다. 그런데 한센병 환자의 경우에는 면역이 저하되면서 발병하지 않고 지나가는 미발병 결핵균 감염자 비율이 낮아졌을지도 모른다.

결핵균의 '휴면'을 일종의 생존전략이라고 생각하는 연구자도 많다. 굳이 숙주에게 장애를 일으키기보다는 휴면하면서 공존하는 쪽이 생존에 유리하기 때문이다.

덧붙이자면, 결핵균은 오랜 병원균으로 인류와 긴 시간 동안 관계를 맺어왔다. 근년에 이뤄진 유전자 해석에 따르면 결핵균의 공통 조상은 약 3만5,000년 전에 등장한 것으로 보인다. 인간과 오래 공존해온 결핵이 14세기 유럽에서 유행한 원인으로 기후의 한랭화에 따른 실내 거주 시간의 증가와 모직물 공급의 증대, 공중목욕탕의 보급, 영양 상태의 악화 등 그 시대의 사회 변화를 드는 연구자도 있다. 그러나 확실한 인과관계는 밝혀지지 않았다.

17세기 북유럽 페스트의 폭발적 유행

페스트는 그 뒤에도 거듭 서유럽을 덮쳤다. 1665년부터 그 이듬해까지 영국을 덮친 페스트는 각지에 큰 피해를 입혔다. 런던에서도 약 10만 명의 사망자가 났다. 이 유행을 '런던의 대페스트'라 부른다. '수사원(搜査員)'—이 중에는 까막눈인 노부인도

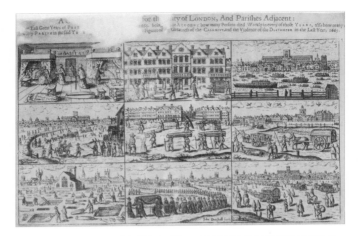

그림 2-13. 런던의 대페스트 당시 판화 이 판화는 1666년 런던의 대페스트 상황을 묘사한 것이다. 그림을 보면 당시의 시체 운반과 매장 상황을 알 수 있다.

있었다―은 병자를 찾아내면 그 집을 폐쇄하고 '내게 자비를'이라는 말과 함께 문에 빨간 × 표시를 했다. 교회는 슬퍼하는 자들로 넘쳤고 공동묘지는 사체들로 가득했다. 궁정 관계자들만이 아니라 의사와 성직자도 시내를 떠났다.

그 시기 케임브리지의 트리니티 칼리지를 갓 졸업한 청년이 있었다. 페스트의 유행으로 청년이 다니던 대학도 몇 번이나 휴교를 거듭했다. 휴교 중에 대학을 떠나 고향인 울즈소프로 돌아간 청년은 하릴없이 세월을 보내던 중 미적분과

만유인력의 기초 개념을 발견했다. 청년의 이름은 아이작 뉴턴이었다. 중요한 업적을 여럿 발견한 이 시기는 나중에 '창조적 휴가' 또는 '어쩔 수 없는 휴가'라고 불리게 됐다. 그것은 페스트의 유행 때문에 얻은 휴가였다.

이 시기를 끝으로 영국에서는 더 이상 페스트의 대유행이 일어나지 않았다.

남독일 바이에른 지방의 작은 시골 마을 오버라머가우(Oberammergau)에서는 10년에 한 번, 100일 남짓에 걸쳐 그리스도 수난극이 열린다. 보헤미아의 프로테스탄트 반란을 계기로 시작된 30년 전쟁(1618~1648)은 남독일에 페스트를 유입시켰다. 페스트로 큰 피해를 입고 난 뒤인 1633년, 마을 사람들은 더 이상 희생자를 내지 않기 위해 주 예수 그리스도의 고난과 죽음과 부활의 이야기를 10년에 한 번 상연하기로 맹세했다. 첫 공연은 이듬해인 1634년, 유행에서 살아남은 사람들에 의해 열렸다. 페스트로 사망한 이들이 잠든 묘지 위에 설치된 무대에서. 전해지는 말로는 이후 이 마을에서 페스트로 죽은 주민은 없다고 한다.

1720년부터 1722년에 걸쳐 마르세유에서 유행한 페스트를 마지막으로 서유럽에서 벌어진 폭발적인 유행은 종언을 고했다. 그 원인에 대해선 몇 가지 가능성이 지적되고 있다. 도시환경의 정비, 숙주인 곰쥐의 페스트에 대한 저항력 획득, 기후변동, 검역 등. 그러나 그 어느 것도 결정적인 요인으로는 보이지 않아, 지금도 진짜 원인은 미스터리로 남아 있다.

근대 아시아와 북미의 페스트

서유럽을 강타한 페스트는 종언을 고했다. 하지만 동유럽이나 아시아, 아프리카에서는 여전히 유행이 계속됐다.

1894년에 중국의 광둥과 홍콩에서 유행한 페스트는 이후 타이완과 일본, 하와이, 북미 대륙으로 번졌다. 일본에서의 첫 유행은 1899년, 타이완에서 출발해 고베로 내항한 선박에 의해 발생했다.

태평양 항로를 경유해 북미에도 페스트가 유입됐다. 최초의 상륙지는 서해안이었다. 1900년, 닛폰마루(日本丸)가 중국에서 샌프란시스코로 입항했을 때 중국인 이민자 칙진이 첫 번째 희생자가 됐다. 글로브 호텔이라 불린 더러운 쪽방촌에서 시체로 발견된 그는 샅굴부위와 겨드랑이 밑의 림프샘에 종창이 났고 얼굴은 피 섞인 침으로 뒤덮여 있었다고 한다.

일본에서는 1899년에 이어 1900년과 1905~1910년에도 페스트가 크게 유행했다. 이후 1926년까지 산발적인 유행이 지속됐으나 1929년의 환자를 마지막으로 페스트는 종식됐다. 후생성 전염병 통계에 따르면 그 기간의 총 환자 수는 2,912명, 사망자는 1,464명이었다. 치사율은 50퍼센트를 넘었다.

메이지 시대(1868~1912) 중반에 고베와 요코하마에 해항검역소가 개설됐다. 검역소는 감염자 및 보균자 대기실, 욕실과 화장실, 식당, 전염병원, 소독 시설, 검사실, 화장터를 갖췄고 100명 넘는 사람을 수용할 수 있었다. 일본은 검역을 통해 페스트 환자의 상륙을 여러 차례 미연에 방지했다. 그 자리에는 젊은 시절의 노구치 히데요(野口英世, 1876~1928 : 세균학자)도 있었다. 1899년 6월, 요코하마 해항검역소에서 검역의관보(檢疫醫官補)로 일하던 노구치는 입항한 아메리카마루(亞米利加丸)의 승무원 두 사람에게서 페스트균을 발견해 페스트의 일본 침입을 막은 것으로 알려져 있다. 그 실적을 평가받은 노구치는 정부의사단의 일원이 돼 당시 페스트가 만연해 있던 청나라 뉴좡(牛莊)의 국제방역위원회 중앙의원으로 파견된다.

북미 지역에서는 1906년 대지진 이후 샌프란시스코에서 다시 페스트가 유행했다. 1924년에는 로스앤젤레스에서도 페스트가 퍼졌다. 그 뒤 각지에서 산발적인 발생이 보고됐는데, 페스트가 야생동물 사이에서 토착화된 것이었을지도 모른다.

이 시기 페스트가 북미로 확대된 배경에는 북미의 이민정책과 식민지주의 아래서 전개된 새로운 교통로의 정비가 있었다. 태평양 항로는 이 시기에 유라시아 대륙과 북미 대륙을 잇는 동쪽의 대동맥이 돼가고 있었다.

문명과 페스트의 생태사

2010년에 세상을 떠난 우메사오 다다오(梅棹忠夫, 1920~2010 : 생태학자, 민속학자) 씨의 《문명의 생태사관 서설》(1957)에는 우메사오 씨가 1955년 옛 영국령 인도로 여행을 갔을 때 느낀, 문명에 대한 생각이 쓰여 있다.

전반부는 아프가니스탄과 인도, 파키스탄을 여행한 일과 각각의 문화에 대한 그의 가치관이 서술돼 있다. 후반부에서는 분위기를 반전해 구세계(유럽, 아시아, 아프리카)를 서구와 일본이 포함된 제1 지역과 그 사이에 펼쳐진 광대한 유라시아 대륙을 아우르는 제2 지역으로 구분해 설명하려 한다. 제2 지역에서는 일찍부터 거대한 제국이 수립됐고, 이후로도 새로운 제국의 수립과 붕괴가 거듭됐다. 한편 제2 지역 주변에 위치한 제1 지역은 온화한 기후와 외부에서 침입하기 어려운 지리 조건 등으로 환경이 안정돼 있었다. 그 때문에 제2 지역보다 발전은 뒤처졌지만 안정된 고도의 사회를 형성할 수 있었다고 한다.

우메사오 씨는 제2 지역의 특징으로 이 지역을 비스듬하게 횡단하는 광대한 건조 지대와 강력한 무력을 지닌 유목민을 들었다. 그는 이렇게 말했다. "건조 지대 한복판에서 생겨난 인간 집단은 어떻게 저토록 강력한 파괴력을 보여줄 수 있었던 걸까? 나는 내 연구자로서의 경력을 유목민의 생태라는 주제로 시작했지만, 아직까지도 그 원인에 대해 적확한 설명을 할 수 없다."

그 '강력함'이 문명 사이의 질병 교환과 균질화 과정에 따른 것이라고 하면 어떨까?

페스트를 풍토병으로 갖고 있던 유라시아의 반건조 지대는 그 뒤 몇 세기에 걸쳐 대륙의 동서를 격렬한 혼란에 빠뜨렸다. 또한 동서의 문명이 이 반건조 지대로 진출하려 했을 때도 큰 피해를 받아야 했다. 그것이 마치 강력한 군사력에 의한 괴멸적인 타격과 같은 인상을 후세 역사가들에게 줬을 지도 모르겠다.

제3장

제국주의가
퍼뜨린
질병들

신세계와 구세계의 조우

구세계 문명과 신세계 문명의 만남은
재화와 노동력뿐 아니라
질병과 전염병의 교환도 야기했으며
이는 어느 한쪽에 괴멸적인 피해를 입히곤 했다

근대 세계 시스템

페스트의 유행이 종식됨과 동시에 유럽의 근대가 개막됐다. 이는 훗날 세계 각 지역들이 근대 세계 시스템이라는 이름의 분업 체제로 편입될 것임을 예고하는 사건이기도 했다. 교통과 통신의 발달로 지역들 간의 분업 체제가 형성되고, 고정되고, 재편되는 '세계의 일체화'가 시작된 것이다. 이런 움직임은 대항해시대인 16세기 이후 본격화돼 지금도 여전히 진행 중이다.

분업 체제는 중앙(중심)과 주변이라는 두 개의 지역 또는 중앙과 반(半)주변과 주변이라는 세 개의 지역 사이에서 성립된다. 중앙에서 주변으로 공업 제품이 이송되고, 주변에서는 원재료나 식량이 중앙으로 운반된다. 그 결과 중앙에 위치한 나라에서는 집권화가 촉진되고, 주변국은 '저개발'인채 방치된다. 잉여 이윤은 중앙으로 집중되는데 통일적 정치기구가 존재하지 않기 때문에 양자 사이의 불균형이 시정되지 않는다. 미국의 사회역사학자 이매뉴얼 월러스틴(Immanuel Maurice Wallerstein, 1930~2019)은 이런 분업 체제야말로 근대 세계 시스템이라고 말했다. 그 생각에 따르면 '저개발'이란 분업 체제(근대 세계 시스템)가 만들어낸 역사적 산물이다. 이 같은 발상은 그때까지 '저개발'을 단지 발전이 뒤처진것이라고 생각하던 사람들에게 충격을 줬다.

콜럼버스의 신대륙 재발견 이후 중앙으로서의 구미(유럽과 미국)와 주변으로서의 신세계 및 아프리카라는 구조가 성립됐다. 제일 먼저 신세계가, 이어서 아프리카가, 마지막으로 아시아가 이 분업 체제로 편입됐고, 그 결과 주변의 경제 잉여가 중앙으로 이송되면서 주변의 저개발화가 고착된다.

'산 너머 또 산' — 아이티의 비극

나는 2003년에서 2004년까지 아이티에 살면서(그때의 상황은 《아이티, 생명과의 싸움》에 자세히 나와 있다) **수도 포르토프랭스에 위치한 카포지 육종**(Kaposi 肉腫 : 후천 면역 결핍증 환자에게 잘 일어나는 악성 종양)·**기회감염병**(보통 때는 병원성이 없거나, 있어도 독성이 약한 미생물이 면역력이 떨어졌을 때 증식해 감염을 일으키는 것-역주) **연구소에서 에이즈 역학 연구를 한 적이 있다. 당시 아이티는—지금도 그렇지만—실업률이 70퍼센트를 넘고 국민의 3분의 2가 하루 2달러 이하로 살아가는 빈곤한 국가였다. 수도의 길거리는 일자리를 찾지 못한 사람들로 넘쳐났다. 그런 아이티를 두고 하는 말이 있었다. '서반구의 최빈국', '쓰러져 가는 나라'.

'산 넘어 또 산'이라는 말은 그런 아이티의 끝없는 고난을 보여주는 속담이었다.

"아이티는 왜 이다지도 가난한가요?" 당시 근무하던 연구소 동료들에게 물어본 적이 있다. 동료 중 한 사람이 이렇게 대답했다. "아이티는 세계사 속에서 끊임없이 농락당했다. 1804년에 독립한 이후, 아이티는 부모를 잃은 아이와 같았다. 그런 아이티에 국제사회는 구원의 손길을 내밀지 않았다. 부모 잃은 아이들 다수가 그러하듯, 아이티도 고난의 역사를 걷게 됐다." 그 말에 식민지 독립을 위한 대가로 지불한 거액의 배상금을 떠올렸다. 배상금은 당시 금액으로 1억 5,000만 프랑(6,000만 달러)이나 됐다. 아이티는 그것을 97년이라는 긴 세월에 걸쳐 갚았다.

당시 나는 그것이 아이티가 겪는 빈곤의 원인이라고 생각했다. 그러나 지금 돌이켜보면, 원인은 더 깊숙한 곳에 자리 잡고 있었는지도 모르겠다.

신세계와 구세계의 조우

식민지 시대의 아이티는 프랑스령 생도밍그(Saint-Domingue, 1659~1804년, 카리브해의 에스파뇰라섬 서쪽 3분의 1을 차지했던 프랑스 식민지. 지금의 아이티공화국–역주)라 불렸다. 세계 설탕의 40퍼센트를 생산했던 이곳은 그 외에도 커피와 염료로 쓰이는 쪽, 카카오를 생산하는 풍요로운 식민지였다. 그런 아이티가 가져다준 부의 많은 부분은, 그러나 근대 세계 시스템 속에서 중앙에 위치한 프랑스로 이송됐다. 이것은 프랑스를 풍요롭게 한 동시에 아이티를 가난한 상태로 고착시키는 역할을 했다. 이 같은 구도를 떠받친 것이 대서양을 사이에 두고 행해진 삼각무역이었다. 아프리카에서 '검은 화물'인 노예들이 아이티

그림 3-1. 아이티와 그 주변 1492년 콜럼버스가 에스파뇰라섬을 '발견'하면서 이 지역 주민들의 비극적인 역사가 시작됐다.

로 운송됐고, 아이티에서 '흰 화물'인 설탕이 유럽으로 이송됐다. 그 삼각무역을 통해 방대한 이익이 창출됐다.

구세계와 신세계의 조우는 카리브해에 있는 에스파뇰라섬에서 일어났다.

훗날 아이티와 도미니카공화국이 되는 이 섬을 콜럼버스가 '발견'한 것은 1492년이었다. 당시 아이티에는 원주민인 타이노·아라와크족이 50만 명가량 살고 있었다. 바로 그곳에 유럽인들은 천연두를 들여왔다. 이 질병을 경험한 적도 없고 그렇기에 면역력도 없었던 원주민들은 잠시도 버티지 못했다. 인구는 3분의 1 이하로 줄었다. 천연두에 이어 홍역이 유행했고, 디프테리아와 볼거리(유행성 이하선염)가 뒤를 이었다. 차례차례 출현한 감염병에 타이노·아라와크족 사람들은 저항력을 상실했다.

유적에서 발굴되는 토기나 석기를 제외하면 지금 아이티에서 그들의 존재를 증언해주는 것은 아무것도 없다. 유럽인들이 가져온 감염병이 타이노·아라와크족의 생활을 철저히 파괴한 것이다.

타이노·아라와크족의 절멸은 노예무역의 시작을 알리는 종소리였다. 노예들의 생활은 지금은 상상할 수도 없을 정도로 가혹했다고 한다. 아이티에 살던 그 어떤 흑인도 20년을 버티지 못하고 죽었다. 그럼에도 1600년대 후반에 겨우 2,000명 정도였던 흑인 인구는 100년 뒤 독립 때는 50만 명에 달했다. 얼마나 많은 노예들이 아이티로 끌려갔는지를 방증하는 숫자다.

당시 노예들의 고향인 서아프리카에서는 말라리아가 창궐했다. 피해가 하도 커서 그 지역은 나중에 '백인들의 무덤'으로 불리게 된다. 말라리아는 노예무역과 함께 아이티로 유입됐다. 유입된 것은 말라리아만이 아니다. 아마도 질병을 매개하는 각다귀(숲 모기로 불리는 흡혈성 모기-역주)와 함께 황열병 이나 뎅기열도 유입됐을 것이다.

지금의 아이티는 이러한 수많은 역사적 유산을 물려받았다. 빈곤은 오늘날까지도 감염병이 유행할 수 있는 토양을 제공하고 있다. 에이즈나 결핵의 유행도 멈출 기미가 없다. 다중약물내성 결핵이나 약제내성 바이러스는 큰 사회문제가 됐다. 오랜 기간 아이티의 결핵을 해결하기 위해 노력해온 의사이자 인류학자인 하버드 대학의 폴 파머(Paul Farmer, 1959~)는 아이티의 결핵을 '빈곤병'이라고 정의했다.

잉카 제국을 멸망으로 이끈 것

아이티를 덮친 압도적으로 불균등한 질병 교환은 신세계 전체에서 찾아볼 수 있다. 일방적인 질병 교환은 최종적으로 신세계의 인구를 10분의 1까지 감소시켰다. 그 과정에서 아스테카와 잉카라는, 아메리카 대륙에서 번성했던 문명들이 멸망했다.

당시의 기록을 유럽에서 온 선교사들이 남겼다.

1532년 11월 16일, 스페인 정복자 피사로(Francisco Pizarro,

그림 3-2. 카하마르카 전투 피사로는 포로로 잡은 아타우알파에게 어마어마하게 많은 보물을 요구한 뒤 잉카 대군의 반격을 염려해 서둘러 그를 사형에 처했다. 황제를 잃은 잉카 제국은 이후 스페인의 군대와 유럽 대륙의 질병 앞에서 완전히 소멸했다.

1478~1541)는 페루 북쪽의 고지 카하마르카에서 잉카 제국 황제 아타우알파(Atahualpa, 1502?~1533)와 대치했다. 아타우알파가 8만 명의 대군을 이끌었던 것에 비해 피사로는 겨우 168명의 인원만을 데리고 있었고 그나마도 현지 사정에 밝은 이는 없었다. 덧붙이자면, 카하마르카 고지는 가장 가까운 스페인인인들의 거류지로부터 1,600킬로미터나 떨어진 곳에 있었

다. 그럼에도 피사로는 그 싸움에서 이겼고, 아타우알파를 포로로 잡았다.

역사적 사실은 이러하지만, 사실 싸움의 승패는 양자가 조우하기도 전에 이미 결정돼 있었다. 아타우알파가 피사로를 이길 가능성은 없었다. 아니, 설령 있었다 해도 잉카 제국이 스페인의 정복자들을 물리칠 수 있는 방법은 남아 있지 않았다.

> 성스러운 이법(理法)과 자연의 질서가 원주민의 전통과 신앙을 분명하게 부정한 이상, 저항하는 행위에 어떤 근거가 남았다고 할 수 있겠는가? 스페인의 정복 사업이 이상할 정도로 용이했던 것, 또 겨우 수백 명의 남자들이 광대한 지역과 수백만 명의 인간을 확실하게 지배했다는 사실은, 그렇게 생각해야만 비로소 이해할 수 있다.
>
> 맥닐, 《전염병과 세계사》

스트레스와 질병에 관한 연구를 보면, 어쩔 수 없다는 체념이 무기력과 억울함을 낳고 종종 인간을 죽음에 이르게 한다고 한다. 원주민의 체념과 거기에 뒤따르는 심신의 병적 상태가 감염병 피해를 키웠을 가능성도 있다. 먼저 천연두가 유행했고, 이어서 홍역이 유행했으며, 다시 발진티푸스가 엄습했다. 아이티 원주민 타이노·아라와크족을 덮친 비극이 마찬가지로 잉카 제국을 멸망으로 이끌었다.

생물지리학자 다이아몬드의 설명

구세계와 신세계의 접촉은 '감염병을 가진 것'과 '갖지 않은 것'의 조우였다. 재러드 다이아몬드(Jared Diamond, 1937~)는 저서 《총 균 쇠》에서 세계사를 다음과 같이 읽어냈다.

신세계에는 없었던 구세계의 감염병 대부분은 가축에 기원을 두고 있다. 문명이 그 초기에 보유하는 감염병은 해당 문명이 어떤 가축을 보유하느냐에 따라 달라진다. 현재 세계에서 사육되고 있는 가축은 양, 산양, 소, 말, 돼지, 낙타, 당나귀, 라마, 야크 등 20종이 채 안 된다. 이들 대부분은 유라시아 대륙에 기원을 두고 있으며 신세계에 기원을 둔 것은 겨우 라마나 알파카뿐이다.

이들 가축은 모두 1만 수천 년 전부터 수천 년 전에 이르는 문명 발흥기에 사육되기 시작했다. 그 이후로 야생동물 중에 인류에게 중요한 가축으로 길러진 동물은 없다. 다시 말해 가축이 될 잠재적 가능성을 지닌 야생동물은 모두 앞서 언급한 시기에 가축화됐다는 뜻이다. 그렇게 본다면, 문명이 그 초기에 어떤 가축을 보유하는가는 해당 지역 고유의 생태에 의해 결정된다고 할 수 있다. 즉, 문명이 발흥한 지역에 가축으로 삼기에 적합한 야생동물이 존재하고 있었느냐의 여부가 결정적 요인이었다는 것이다.

가축만이 아니다. 지역의 생태학적 조건은 농경을 개시할 때도 큰 영향을 줬다. 지금 전 세계에서 소비되고 있는 농작물의 약 80퍼센트는 겨우 수십 종류의 식물로 구성돼 있다. 구체적으로는 밀, 쌀, 보리, 옥수수 등의 곡류, 대두(大豆) 등의 콩류, 감자, 카사바, 고구마 등의 근채류가 그것이다. 이런 식물들 모두 수천 년 넘게 재배된 것들이다. 사람들은 지역 고유의 식물군 중에서 식량 생산에 적합한 종을 선택했다. 메소포타미아의 비옥한 초승달 지대는 보리와 양의 원산지였다. 그것이 농경과 가축을 발생시켰고 문명을 길러냈다. 한편 이집트나 유럽은 농경이나 가축을 선진적 기술로서 받아들였다.

선진 기술을 받아들이는 데에 영향을 준 것은 '대륙이 뻗어나가는 방향'이라는 지리적 자연환경이었다.

세계지도를 보면 육지가 뻗어나가는 방향을 따라 몇 개의 지리적 축을 그릴 수 있다(그림 3-3). 아프리카 대륙과 남북 아메리카 대륙은 남북 방향이 기본 축이 되고, 유라시아 대륙은 동서 방향이 기본 축이 된다. 대륙이 동서로 뻗어나간다는 것은 대륙의 많은 지역들이 비슷한 위도에 위치한다는 뜻이다. 같은 위도에 있는 지역들은 바다가 가까이 있다거나 큰 강이 흐른다거나 하는 지리적 차이는 있을지언정 기온이나 강우량, 일조시간과 그 변화, 계절의 변화가 유사하다. 예컨대 열대우림은 어느 대륙에서든 남북으로 위도 10도 이내에만 존재하며, 떡갈나무는 위도 30도에서 40도 사이에만 분포한다. 또 같은 위도 범주에서는 야생동물의 서식지가 겹치는 경우도 많다. 이렇듯 생태학적 요인이 유사하면 식물의 재배 기술이나 동물의 가축화 기술을 전파할 때 유리하다. 이들 기술과 함께 감염병도 대륙의 동서를 오가며 교환되는데, 그 과정에서 구세계의 감염병 레퍼토리가 확대되고 균질화된다.

확대된 유라시아 대륙의 감염병 레퍼토리는 16세기 이후

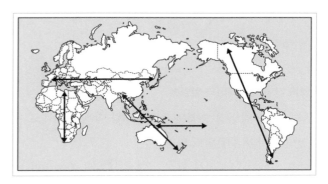

그림 3-3. 대륙의 지리적인 축 가로축으로 이어진 지역은 기후가 비슷해 물자와 기술이 쉽게 전파됐으나 세로축으로 이어진 지역은 조금만 이동해도 기후가 급변해 문명을 이루는 데 필요한 각종 기술이 전해질 수 없었다.

본격화한 '세계의 일체화'와 분업 체제(근대 세계 시스템) 속에서 유럽을 세계의 중심으로 만드는 데 기여했다. 즉, 구세계와 신세계의 조우 결과는 몇 십만 년 전부터 이미 결정돼 있었다는 것이 다이아몬드의 설명이다.

그 밖에도 세계지도상에는 몇 개의 축을 더 그릴 수 있다. 동남아시아에서 인도네시아·뉴기니를 경유해 오스트레일리아·뉴질랜드에 이르는 축과, 태평양을 동서로 잇는 축이다. 그러나 어느 축이든 바다라는 물리적 장애가 존재한다. 바다는 오랫동안 이들 지역을 격리시켰다. 격리는 무엇을 불

러왔는가? 우리는 피지 제도에서 유행한 홍역에서 그 일단
을 확인했다.

대서양을 건넌 말라리아와 황열병

대서양을 건넌 감염병 중에는 노예무역과 함께 신세계로 유
입된 말라리아와 황열병도 있다.

말라리아는 아열대에서 열대 지역에 위치한 아메리카 남
부와 중남미에서 주로 유행했고, 북미 전역에서도 심심찮게
볼 수 있는 질병이 됐다. 20세기 초, 미국에서는 매년 약 500
만 명이 말라리아에 감염돼 1만 명가량이 사망했다. 그중에
서도 아칸소와 플로리다, 미시시피 등 남부 주들의 연간 말
라리아 사망자 수는 인구 10만 명당 40명을 넘어섰다. 이것
은 2002년 케냐의 말라리아 사망률과 거의 같다. 당시 미국
공중위생국은 말라리아가 미국 남부에서 장티푸스, 이질,
결핵을 모두 합친 것보다 더 큰 건강 위협 요소라고 밝혔다.

황열병도 신세계에서 종종 대유행을 일으켰다. 1647년에
바베이도스에서 유행한 황열병은 5,000명이나 되는 사망자
를 냈다. 그 이듬해에는 쿠바와 유카탄 반도에서 유행했다.
이후 황열병은 북으로는 퀘벡에서 남으로는 리우데자네이

루에 이르는 항구도시에서 여름마다 정기적으로 유행하게 된다. 카리브해 국가들과의 상거래에서 관문 역할을 맡았던 필라델피아는 여러 차례 황열병 유행을 경험했다.

19세기 초에는 투생 루베르튀르(Toussaint Louverture, 1743~1803)나 장 자크 데살린(Jean-Jacques Dessalines, 1758~1806)이 이끄는 흑인 반란군을 진압하기 위해 본국에서 지금의 아이티(생도밍그)로 파견된 프랑스군 3만3,000여 명이 황열병을 비롯한 열병 때문에 괴멸 상태에 빠졌다. 이 원정의 실패로 프랑스 본국에서는 열대병을 연구해야 한다는 목소리가 힘을 얻었다. 그것이 훗날 제국 의료·식민지 의학으로 이어지게 됐다고도 한다.

황열병, 아메리카의 장벽이 되다

황열병은 각다귀에 의해 매개되는 황열 바이러스를 병원체로 하는 감염병이다. 황열 바이러스는 플라비바이러스(flavivirus)과에 속한다. 플라비바이러스과의 바이러스는 척추동물에 널리 분포하며, 많은 경우 모기나 진드기 등 곤충에 의해 매개된다. 그밖에 일본뇌염 바이러스와 뎅기열 바이러스가 이 과의 바이러스로 알려져 있다.

황열병의 잠복 기간은 3~6일인데 갑작스런 발열, 두통, 메스꺼움, 구토와 함께 시작된다. 발병 뒤 3~4일이 지나면 증상이 가볍게 회복되는 경우도 있으나, 중증일 경우 하루 나 이틀 뒤에 다시 발열과 함께 출혈 증상을 보이며, 간과 신장에 장애를 일으킨다. 이로 인해 황달(黃疸)도 심해진다. 백신으로 예방할 수 있지만 발병했을 경우의 치료법은 대증요법밖에 없어 치사율은 지금도 20퍼센트나 된다. 20세기까지의 치사율은 더 높았을 것이다.

19세기 후반에 중앙아메리카의 파나마 지협(地峽)에 운하를 뚫으려 했던 프랑스 기술자 페르디낭 레셉스(Ferdinand Lesseps, 1805~1894) 역시 황열병과 말라리아로 인해 자신의 꿈을 단념해야 했다. 황열병과 말라리아가 인부 수만 명의 목숨을 앗아갔기 때문이다.

1898년 미서전쟁(美西戰爭, 미국~스페인 전쟁)에서는 전쟁에 참가한 미군의 3분의 1이 황열병으로 사망했다. 미국은 대통령령을 내려 황열병의 원인을 규명하기 위한 황열병위원회를 조직하고 당시 40세의 육군 군의였던 월터 리드(Walter Reed, 1851~1902)를 위원장에 임명한다. 위원회 멤버들은 1900년에 황열병이 모기에 의해 매개된다는 사실을 밝혀냈다.

20세기에 들어서서는 모기를 방제하면 병을 예방할 수 있다는 사실이 밝혀졌다. 배수 공사, 방충망 사용, 수면(水面)에 기름 뿌리기 등을 시행하자 환자가 줄어들었다. 1906년, 미국 육군 군의관 윌리엄 크로퍼드 고거스(William Crawford Gorgas, 1854~1920)는 파나마 지역의 황열병 박멸에 성공한다. 1914년, 파나마운하가 개통됐다. 말라리아 연구로 1902년에 노벨 생리·의학상을 받은 로널드 로스(Ronald Ross, 1857~1932)는 이렇게 말했다고 한다. "파나마운하는 현미경과 함께 굴착됐다."

어느 '감각적인' 과학자의 강의

이타니 준이치로(伊谷純一郎, 1926~2001)는 이마니시 킨지(今西錦司, 1902~1992)의 뒤를 이어 일본의 영장류학을 세계 최고 수준으로 끌어올린 인물로 평가받는다. 그는 1984년, '인류학의 노벨상'이라 일컬어지는 토머스 헉슬리(Thomas Henry Huxley) 기념상을 받았다.

2000년, 당시 교토 대학에서 국제보건학을 가르치던 나는 그곳에서 이타니 씨의 강의를 들은 적이 있다. 강의 중에 이타니 씨는 은사인 이마니시 긴지와 처음으로 아프리카에 갔을 때를 회상했다. 기억을 더듬어 요약하면, 다음과 같다.

이마니시 씨는 산을 좋아해서 아프리카에 처음 갔을 때도 "이타니, 산에 가자"고 했는데, 나도 산을 싫어하지 않기에 "가시지요" 하고 함께 산에 올랐다. 산에 오르니 3,000미터 높이의 산 위에서도 계속 식생이 변했다. 그것이 재미있었다. 그때 이마니시 씨가 "산에 오르는 것은 적도를 중심으로 해서 아프리카 대륙을 남북으로 걸어가는 것과 비슷한 일이다. 아프리카의 전체 모습에 대한 느낌을 제대로 잡으려면 산에 오르는 수밖에 없다"는 얘기를 했다. 무슨 얘긴가 했더니, 위도를 고도로 바꿔 놓으면 식생 등이 대략 비슷해진다는 뜻이었다. 산에 오르기 위해 이마니시 씨가 끄집어낸 변명 같다는 생각이 들지 않는 바도 아니지만, 일리는 있다.

남북으로 이동하는 것이 산을 오르는 것과 유사하다는 말은, '감각적'이라는 말을 듣던 이마니시다운 발언이라는 생각이 든다. 그런데 문명 초기에 기술을 남북 방향으로 전파하는 일의 어려움은 바로 등산의 어려움과 닮았을지도 모른다. 그렇게 보면 이마니시의 말을 그저 '감각적'이라고만 하기에는 무언가 합당하지 않은 게 아닐까 하는 생각이 든다.

제4장

감염병 교과서를 덮어야 할 때가 왔다

1. 제국 의료와 식민지 의학

아프리카로 진출한 유럽의 앞길을 가로막은 것,
그것은 바로 감염병이었다

암흑대륙

16세기 이후 유럽과 신세계 또는 유럽과 아프리카 사이에서
지역 문명 간의 조우가 빈번하게 이뤄졌다. 유럽과 신세계의
접촉은 정복이라는 극적인 형태를 취했으나, 유럽과 아프리
카의 관계는 그 정도로 일방적이지 않았다.

1777~1779년 시기에 지금의 모잠비크령 림포푸강
(Limpopo江)에서 델라고아만(Delagoa灣)에 이르는 지역을 탐험
한 윌리엄 볼츠(William Bolts, 1738~1808)의 탐험대는 감염병으
로 인해 전체 152명의 대원 중 132명이 죽었다. 80퍼센트가

넘는 인원을 잃은 것이다. 1805년에 니제르강(Niger江) 상류를 탐험했던 먼고 파크(Mungo Park, 1771~1806)의 경우는 일행이 모두 사망한 것으로 보고됐다. 또 1816~1817년에 콩고강(Congo江)을 탐험한 제임스 터키(James H. Tuckey, 1776~1816)도 쉰네 명 중 열아홉 명을 잃었다.

그림 4-1은 1816~1837년에 서아프리카의 시에라리온에 주둔한 영국군의 사망률을 보여준다. 영국 출신자의 사망률이 1,000명당 400명을 넘는다. 참고로 영국군 1,000명당 사망률은 영국 본국에서 15명, 남아프리카 동부에서 12명, 버마(미얀마)에서 44명, 실론(지금의 스리랑카)에서 75명이었다. 또 1825~1845년에 걸쳐 서아프리카 근해에서 근무한 영국 해군의 사망률은 65명이었다고 한다.

한편 현지 출신의 병사가 사망한 비율은 1,000명당 26명 정도였다. 특히 '기타 열병'에서 사망률이 극단적으로 벌어졌다. 영국 출신은 아프리카 출신보다 무려 200배나 많이 죽었다.

열병을 일으킨 것은 토착 감염병이었다. 이것은 유럽인이 아프리카를 침략할 때 생물학적 장벽으로 작용했다. 더 구체적으로는 말라리아와 아프리카 트리파노소마증(수면병)이 유

	아프리카인	영국인
간헐열/지속열	6.9	3.3
기타 열병	2.4	406.9
호흡기 질환	6.3	4.9
간 질환	1.1	6
소화기 질환	5.3	41.2
뇌 질환	1.6	4.3
수종(水腫)	0.3	4.3
기타	2.6	7.1
합계	26.5	478

그림 4-1. 시에라리온 주둔 영국군(1816~1837)의 출신지별 사망률 커틴 작성. (단위: 1/1,000명)

럽인을 괴롭혔는데, 인간들은 말라리아, 소와 말은 트리파노소마증으로 쓰러졌다. 그 때문에 아프리카는 오랫동안 '암흑대륙'으로 불렸다.

뜻밖의 선물, 키니네

당시 말라리아는 서아프리카의 해안과 하천을 중심으로 창궐하고 있었다. 19세기 초, 서아프리카에 파견된 선교사의 사망률은 50퍼센트를 넘겼다. 특히 베냉만에 인접한 지역의 사망률이 높아 '백인들의 무덤'이라 불렸다.

1830년, 영국은 하사관을 제외한 백인 병사의 서아프리카 파견을 중단했다. 이질, 황열병, 티푸스 등 이유는 많았지만 가장 큰 이유는 말라리아였다.

말라리아는 라틴어 'mal aria(나쁜 공기)'에서 유래됐다. 19세기 이전의 유럽에서는 말라리아를 '나쁜 공기'가 일으키는 질병이라고 생각했다.

말라리아의 원인이 해명된 것은 19세기 후반에 들어선 뒤였지만, 치료법은 그 전부터 크게 진보하고 있었다. 남미 원주민들이 전통적인 해열제로 쓰던 키나 나무껍질에 항말라리아 효과가 있다는 사실이 우연히 발견되면서, 17세기 후반에는 키나의 껍질이 대량으로 유럽에 수출됐다. 1820년에는 키나의 껍질에 함유된 알칼로이드인 키니네가 추출됐고, 1827년에는 말라리아 치료약의 상업적 생산이 시작됐다. 그 효과는 놀라운 것이었다.

19세기 전반 알제리의 본에 주둔하던 프랑스군의 상황을 보면, 1832~1833년에 8,000 남짓의 병사들 중 약 5,600명이 열병에 걸렸고 그들 가운데 절반 정도가 사망했다. 그

그림 4-2. 키나 나무의 꽃 키나 나무의 껍질은 해열·진통·항말라리아 효과가 있다. 키나 나무의 껍질에서 추출한 키니네는 훗날 퀴나크린, 클로로퀸으로 대체된다.

런데 키니네가 도입된 그 이듬해에는 사망률이 약 5퍼센트까지 내려갔다. 1854년에 니제르강을 탐험한 플레이어드호(Pleiad號)는 한 사람의 사망자도 내지 않고 귀환했다. 이때 승무원들은 의무적으로 매일 키니네를 복용했다.

1854년 9월, 데이비드 리빙스턴(David Livingstone, 1813~1873)이 이끈 탐험대는 대서양 연안의 도시 루안다(Luanda, 지금의 앙골라공화국의 수도)를 출발했다. 일행은 잠베지강(Zambezi江)을 내려가 포르투갈령 테테를 거쳐 1856년 3월 인도양 연안

모잠비크의 도시 켈리마느에 도착했다. 유럽인 최초의 아프리카 대륙 횡단이었다. 그 도정을 가능하게 해준 것은 물론 키니네였다.

1874년, 가나의 쿠마시(Kumasi)에서 영국이 2개월간 군사 행동을 벌였다. 여기에 참가한 2,500명의 군인 중 병사자는 겨우 쉰 명뿐이었다. 참고로 1881년부터 1897년까지 황금 해안에 체류한 영국 관리의 사망률은 (1,000명당) 일흔여섯 명, 나이지리아 라고스(Lagos)의 경우 쉰세 명으로 과거에 비해 크게 개선됐다. 비록 이것도 같은 해 영국 본국에서의 사망률보다 다섯 배나 높았지만, 그럼에도 아프리카가 더 이상 '백인의 무덤'이라 불릴 만큼 살아 돌아오기 힘든 절망의 땅이 아니라는 것을 보여준 수치였다.

키니네를 통해 말라리아를 극복한 유럽은 아프리카를 식민지화하는 데 한층 박차를 가할 수 있었다. 키니네의 원재료인 키나속(屬) 식물은 남아메리카의 안데스 지방에 자생한다. 그 효과를 유럽인이 발견하고 아프리카에서 말라리아를 치료하는 데 활용한 것이다. 결과적으로 보면 유럽인에 의한 신대륙의 재발견이 유럽에 의한 아프리카 식민지화를 도운 셈이다. 콜럼버스의 재발견 이전까지 신대륙에는 말라리아가 없었다는 설이 있다. 역사의 장난이라 하기에는 좀 얄궂다는 생각이 들기도 한다.

아프리카 수면병

사하라 사막과 칼라하리 사막 사이에 자리 잡은 광대한 지역은 '체체 벨트'라 불려왔다. 이곳은 수백 년에서 수천 년, 어쩌면 수만 년에 걸쳐 아프리카 트리파노소마증(수면병)이 유행해온 지역이다.

아프리카 수면병은 기생성 원충인 트리파노소마가 유발하는 감염병인데, 체체파리가 매개한다. 증상이 진행되면 수면 주기가 흐트러져 의식 수준이 떨어지기 때문에 몇 백 년 전부터 아프리카에서는 '잠자는 병'이라 일컬어졌다. 증상이 진행되면 혼수상태에 빠지고 죽음에 이르기도 한다.

13세기 초, 아프리카를 여행한 아랍의 지리학자는 피골이 상접한 사람과 개들로 넘쳐나는 마을을 봤다고 보고한 바가 있다. 그러나 아프리카 수면병이 확실하게 언급된 가장 오랜 기록은 14세기 말의 아랍 역사서다.

자타 국왕은 그 땅의 주민들을 종종 덮치는 수면병

으로 쓰러진 것 같다. (중략) 그 병에 걸리면 거의 잠만
자는 상태가 돼, 일어나도 의식이 혼미하다. 병은 환
자가 죽을 때까지 진행된다. (중략) 병은 자타의 체액
에 2년간 머물렀고, 그는 이슬람력 775년(1374년)에 죽
었다.

여기에서 자타 국왕은 마리 자타 2세(Mari Jata II, 재위
1360~1374)를 가리키는데, 14세기 후반에 서아프리카의 대제
국 마리를 통치한 인물이다. 광대한 판도를 자랑했던 이슬
람제국이 끝내 사하라 남쪽의 아프리카를 정복할 수 없었던
이유 중 하나로 이 질병의 존재를 드는 역사가도 있다.

사하라 사막 남쪽에서 목축을 생업으로 삼아 살아가던 사
람들을 봐도 수면병의 영향력을 짐작할 수 있다. 옛날, 낙타
를 타고 사막을 여행하던 사람들은 녹색이 보이기 시작하는
일대를 물가라고 여겨 이를 사헬(sahel : 물가)이라고 불렀다.
13세기에 사하라 사막이 확대됨에 따라 녹색 사헬도 남쪽으
로 이동했는데, 그곳에 살던 사람들은 남쪽 사바나가 아닌
동쪽으로 이동해 그 영향에서 벗어나려 했다. 남쪽으로 이동
할 경우 가축이 전멸할 것이라는 두려움 때문이었다.

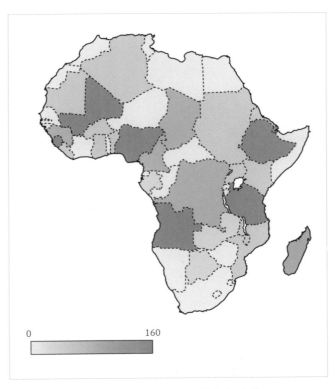

0   160

그림 4-3. 2002년 아프리카 수면병 사망자 WHO 인용. (단위: 1/10만 명)

카메룬 등 사하라 사막 남쪽 언저리에 있는 국가의 역사
를 보면 연안 지역보다 내륙인 사하라 사막 주변 지역이 더

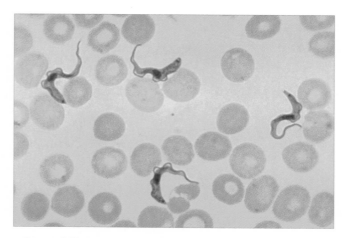

그림 4-4. 수면병을 유발하는 트리파노소마 수면병이 말기에 이르면 현대 의학으로도 치료하기 힘들다. 아프리카 외에도 방역 체계가 미비하고 열대지역에 속하는 동남아시아에서도 매년 피해 사례가 보고되곤 한다.

발전한 것을 알 수 있다. 일반적으로 내륙부는 연안부에 비해 발전이 뒤처지는 경우가 많다. 그러나 이 지역에서는 체체파리가 적었던 건조 지역이 더 큰 발전을 이룬 것이다.

수면병과 악전고투하는 유럽

아프리카 수면병은 사람만이 아니라 말이나 소에게도 큰 피해를 줬다. 1852년, 림포푸강, 잠베지강, 탕가니카호 주변을 탐험한 스코틀랜드 출신 선교사 데이비드 리빙스턴이 최초로 소나 말의 수면병을 매개하는 것이 체체파리일지도 모른다고 보고했다. 그 뒤에도 유럽인 탐험가들은 탐험 도중에 종종 말이나 소가 죽었다고 보고했다. 사람 또는 짐을 운반하는 말의 죽음은 탐험이나 이동에 큰 장애가 됐다. 이후 식민지가 세워지고 유럽인들이 들어와 살기 시작하자 이번에는 가축이 피해를 입었다. 피해는 심각했다. 아프리카 수면병은 아프리카 개발에 큰 어려움을 안겼다.

1800년대 후반부터 아프리카 수면병은 영국, 프랑스, 벨기에, 포르투갈, 독일 등 유럽 열강의 식민지에서 유행하기 시작했다. 1896년부터 1906년까지 10년간 영국 보호령이던 우간다에서 25만 명이, 콩고 분지에서는 50만 명이 사망했다. 원인과 대책을 찾기 위해 많은 의사와 의학자들이 아프리카로 파견됐다. 그들 중에 로버트 마이클 포드(Robert Michael Forde, 1861~1948)와 조지프 에버렛 더턴(Joseph Everett Dutton, 1874~1905)도 있었다.

감비아강을 오르내리는 증기선의 선장 켈리(H. Kelly, 42세)가 발열과 권태감으로 의사인 포드의 진단을 받은 것은 1901년 5월의 일이었다. 증상을 보고 말라리아를 의심했던 포드는 키니네를 처방했다. 그러나 키니네는 효력이 없었고 혈액에서도 말라리아 원충이 발견되지 않았다. 환자의 증상이 말라리아 때문이 아니라는 것은 확실했다. 포드는 혈액 속에서 다른 기묘한 벌레를 발견했다. 그것이 병과 인과관계가 있을 거란 의심이 들었지만 포드는 그 이상으로 벌레와 병의 관계를 알아내지 못했다.

그해 12월, 신설된 리버풀 열대의학교 출신의 젊은 기생충학자 더턴이 말라리아를 조사하기 위해 감비아로 향했다. 포드는 이때 더턴에게 현미경 시료를 보여줬다. 더턴은 벌레가 트리파노소마라는 것은 알겠는데 그것이 질병과 무슨 관계가 있는지는 모르겠다고 답했다. 그 무렵 트리파노소마가 소의 소모성 질환과 관련이 있다는 사실은 이미 밝혀졌지만 그것과 사람의 질병 간의 관계는 아직 불분명했다. 1902년에 들어서서도 증상이 개선되지 않았던 켈리는 영국으로 귀국했다. 귀국 뒤에도 발열이 되풀이되던 켈리는 결국 1903년 1월 1일에 사망했다. 그의 사례는 영국 의학회에도 보고됐으며, 켈리는 아프리카 수면병으로 공식적으로 사망한 최초의 유럽인이 됐다.

1907년, 근대 세균학의 비조로 불리는 독일의 로베르트 코흐(Robert Koch, 1843~1910)는 빅토리아호 북서쪽 섬에서 수면병을 조사하고 있었다. 거기에서 코흐는 수면병 환자에게 투여하는 유기비소 계통의 약물 아톡실(atoxyl)이 실명이라는 치명적인 부작용을 불러온다는 사실을 발견하고 파울 에를리히(Paul Ehrlich, 1854~1915)에게 그 사실을 알려 아톡실을 대신할 약물 개발을 지시했다. 그 뒤 아톡실을 기반으로 다수의 화합물이 합성됐다. 이때 에를리히 연구실에서 유학 중이던 일본인 하타 사하치로(秦佐八郎, 1873~1938)는 살바르산(salvarsan)을 합성하고, 그것이 매독에 효과가 있다는 사실을 발견했다. 이는 세계 최초의 화학요법제였다.

제국 의료·식민지 의학과 식민지주의

아프리카 또는 아시아에 진출한 유럽 열강에게 열대 지역에서 사망하는 자국민의 수를 줄이고 그들의 건강을 유지하는 것은 그 무엇보다 중요한 과제였다. 이를 위해서는 현지의 질병을 제어할 필요가 있었다. 그런 의료·의학은 나중에 '제국 의료·식민지 의학'이라는 하나의 체계로 성립한다.

오쿠노 카츠미(奥野克巳, 1962~)나 와키무라 코헤이(脇村孝平, 1954~), 스즈키 아키히토(鈴木晃仁, 1963~) 등에 따르면, 제국 의료란 "식민지 경영을 지키고 그 존속을 꾀하는 중요한 통치 수단으로서, 종주국에 의해 식민지로 도입·실천된 근대 의료"이며, 식민지 의학이란 "정복자 측이 식민지 통치 과정에서 축적한 의학 체계 전반"을 가리킨다. 바꿔 말하면 제국 의료란 식민지 전체의 건강 향상을 지향하는 의료 또는 위생 사업을 말하며, 식민지 의학은 서양 근대 의학이 식민지 체제 속에서 축적하고 확립한 의학 체계인 셈이다. 관점은 다르지만 양자는 식민지 시대의 의학을 가리키는 말로서 종종 병기된다.

이렇게 해서 발전한 제국 의료·식민지 의학은 유럽 국가들에게 식민지주의를 정당화하는 논거를 제공했다. 제국 의료는 식민지로 파견된 자국민을 질병으로부터 보호하는 것이 가장 중요한 목적이었지만, 동시에 현지 주민들의 건강을 지키고 생산 향상을 꾀하는 데에도 활용됐다. 현지 주민들의 건강을 지킨다는 인도주의는 식민지에서의 폭정에 대한 비판을 피하는 선전에 이용됐다. 한편 식민지 의학은 근대 의학에 대한 믿음을 창출했다. 서양 근대 의학은 제국주의 실천 과정에서 큰 역할을 수행했는데, 근대 의학을 통해 미개지의 질병을 정복할 수 있다는 신념은 제국 지배를 정당화하는 중요한 도구이기도 했다.

근대 의학은 열대 지역에서 의료를 실천하면서 많은 발견을 이루고 지식을 얻었다. 서양의학은 열대 지역에서 그때까지 경험한 적 없는 수많은 미지의 질병들과 마주쳤다. 열대열 말라리아, 아프리카 트리파노소마증, 황열병, 여러 가지 기생충성 질환들이 그것이다. 이 질병의 원인을 찾아 감염 경로와 자연 경과를 규명하고, 병원체의 생활환(生活環 : 생물체의 탄생부터 재생산에 이르는 과정-역주)을 해명하며, 나아가 치료법과 예방법을 개발함으로써 식민지 의학은 근대 의학 발전에 크게 공헌했다. 그것은 서양 근대 의학이 과학 체계로서 다른 의학 체계를 압도했던 이유 가운데 하나가 됐다.

노벨상과 식민지 의학

초기의 노벨 생리학·의학상 수상자와 그 수상 이유를 살펴보면 서양 근대 의학이 열대 지역에서의 의료 활동으로 얼마나 많은 발견을 이루고 지식을 얻었는지 알 수 있다.

그 자세한 면면을 보면 1902년의 로널드 로스는 말라리아 원충의 생활환 연구, 1905년의 로베르트 코흐는 결핵 연구, 1907년의 샤를 루이 알퐁스 라브랑(Charles Louis Alphonse

연도	이름(국가)	수상 이유
1901	에밀 아돌프 폰 베링(독일)	혈청요법을 연구하고 이를 디프테리아에 적용
1902	**로널드 로스(영국)**	**말라리아의 생체 침입 과정을 해명하고 치료법을 확립**
1903	닐스 뤼베르 핀센(덴마크)	광선 치료법(집중적으로 빛을 쬐는 치료법)을 개발하고 이를 낭창(狼瘡) 치료에 활용
1904	이반 페트로비치 파블로프(러시아)	소화의 생리학
1905	**로베르트 코흐(독일)**	**결핵 연구**
1906	카밀로 골지(이탈리아)	신경계의 구조 연구
	산티아고 라몬 이 카할(스페인)	
1907	**샤를 루이 알퐁스 라브랑(프랑스)**	**원충에 의해 발생하는 질병에 관한 연구**
1908	일리야 일리치 메치니코프(러시아)	면역 연구
	파울 에를리히(독일)	
1909	에밀 테오도어 코허(스위스)	갑상선의 생리학·병리학·외과학
1910	알브레히트 코셀(독일)	핵(核) 내부의 물질을 포함한 단백질 연구와 세포화학
1911	알바르 굴스트란드(스웨덴)	안구의 굴절 광학
1912	알렉시 카렐(프랑스)	혈관 봉합과 혈관·장기 이식 연구
1913	샤를 로베르 리셰(프랑스)	아나필락시스(anaphylaxis : 면역 체계가 과도한 반응을 일으켜 나타나는 쇼크 증상) 연구
1914	로베르트 바라니(오스트리아)	내이(內耳) 계통의 생리학과 병리학
1919	쥘 보르데(벨기에)	면역에 관한 발견
1920	샤크 아우구스트 스텐베르 크로그(덴마크)	모세혈관 운동을 제어하는 기구 발견
1922	아치볼드 비비언 힐(영국)	근육의 열 발생에 관한 발견
	오토 프리츠 마이어호프(독일)	근육의 산소 소비와 유산(乳酸)의 대사(代謝) 관계 발견

1923	프레더릭 그랜트 밴팅(캐나다)	인슐린 발견
	존 제임스 리카드 매클라우드(영국)	
1924	빌럼 에인트호번(네덜란드)	심전도법 발견
1926	요하네스 아드레아스 그리브 피비게르(덴마크)	기생충 스피롭테라 카시노마(spiroptera carcinoma) 발견
1927	**율리우스 바그너 야우레크(오스트리아)**	**말라리아 접종의 마비성 치매 치료 효과 발견**
1928	**샤를 쥘 앙리 니콜(프랑스)**	**티푸스 연구**
1929	**크리스티안 에이크만(네덜란드)**	**항신경염 비타민 발견**
	프레더릭 가울랜드 홉킨스(영국)	성장 자극 비타민 발견
1930	카를 란트슈타이너(오스트리아)	인간의 혈액형 발견
...		
1951	**막스 타일러(남아프리카)**	**황열병 및 그 치료법에 관한 발견**

그림 4-5. 1901년부터 1930년까지 노벨 생리학·의학상 수상자와 수상 이유

Laveran, 1845~1922)은 말라리아 원충을 발견한 공적, 1927년의 율리우스 바그너 야우레크(Julius Wagner Jauregg, 1857~1940)는 말라리아 접종의 마비성 치매 치료 효과 발견, 1928년의 샤를 쥘 앙리 니콜(Charles Jules Henry Nicolle, 1866~1936)은 발진티푸스 연구, 1929년의 크리스티안 에이크만(Christiaan Eijkman, 1858~1930)은 각기병을 예방하는 비타민의 발견(각기병은 비타민 B의 결핍으로 생기는, 말초신경 장애와 심장 기능 상실을 일으키는 질병) 등으로 노벨상을 탔다. 제2차 세계대전 뒤의 일이긴 하지

만, 남아프리카 출신의 미생물학자 막스 타일러(Max Theiler, 1899~1972)는 1927년 황열병 백신을 개발한 공적으로 1951년에 노벨상을 수상했다.

이런 연구들은 당시의 식민지를 무대로 이뤄졌다. 수상자들 중 다수는 군의관이거나 해외주재 식민지 의무관이었다.

프랑스 군의 라브랑은 1880년, 파견지인 알제리에서 환자 혈액 속에 있는 말라리아 원충을 발견했다. 인도 세쿤데라바드에서 근무했던 영국 군의 로널드 로스는 1897년, 모기 위 속에서 말라리아 원충을 발견하고 모기와 원충의 생활환을 밝혀냈다. 이 연구는 로스의 은사였던 패트릭 맨슨(Patrick Manson, 1844~1922)의 선행 연구를 다수 참고한 것이었다.

맨슨은 스코틀랜드 출신 의사였는데, 중국 동남해안 아모이(샤먼)의 관세국 의무관이었을 때 피부나 피하 결합 조직이 증식해 코끼리 피부 같은 모양이 되는 상피병(象皮病, 필라리아증) 환자를 여럿 진찰했다. 그는 상피병이 '실과 같은 벌레(마이크로필라리아)'가 유발한다는 것, 그리고 이 실과 같은 벌레를 모기가 매개한다는 것을 발견했다. 이것은 1877년의 일로 로스의 발견보다 20년 앞서 있었다. 필라리아증은 곤충에 의해 매개된다는 사실이 밝혀진 최초의 질병이 됐다. 다만 맨슨은 감염환(感染環 : 감염 사이클)과 관련해, 마이크로필라리아를 흡혈한 모기가 물속에서 죽으면 그것이 수중으로 방출되고, 이 물을 마시면 사람이 감염된다고 생각했다.

퍼즐의 마지막 한 조각은 1900년, 오스트레일리아의 기생충 학자 토머스 레인 밴크로프트(Thomas Lane Bancroft, 1860~1933)가 모기에 물리면 마이크로필라리아에 감염된다는 사실을 발견함으로써 맞춰졌다.

요약하면 다음과 같다. 스코틀랜드, 프랑스, 영국 출신의 의사들이 각기 중국, 알제리, 인도에 머무를 때 특정 종류의 곤충이 말라리아를 매개한다는 것, 말라리아의 원인이 원충이라는 것, 그 원충은 모기의 흡혈을 통해 사람에게 이입(移入)된다는 사실을 밝혀냈다. 그리고 그들 중 두 사람이 노벨상을 받았다.

또 1928년 수상자 니콜의 발진티푸스 연구는 당시 프랑스 식민지였던 튀니지에서 수행됐으며, 1929년 수상자인 네덜란드인 에이크만의 각기병 연구는 네덜란드령 바타비아(Batavia : 지금의 자카르타)에서 이뤄졌다.

1894년, 홍콩 페스트 추적

1894년 홍콩에서 유행한 페스트와 그에 대한 국제적 방역 체제의 확립은 제국 의료·식민지 의학과 근대 이후 발전한 서양의학이 결합된 사례 중 하나다.

맥닐의 《전염병과 세계사》에 따르면, 사건의 발단은 1855년 윈난성에서 터진 군사 반란이었다고 한다. 반란 진압을 위해 파견된 정부군 병사들이 그 지방에 풍토병처럼 뿌리를 내리고 있던 페스트에 감염된 채로 귀환하면서 이 병을 중국 각지로 옮겨갔다. 페스트는 1894년 광저우와 홍콩까지 퍼졌다.

내가 지인을 통해 윈난 대학의 역사학자 저우충(周琼) 교수에게 문의한 결과, 1800년대 중반 윈난에서는 페스트가 풍토병처럼 유행하고 있었고, 윈난성에서 대규모 반란이 일어난 것은 1855년이라는 회신을 받았다.

홍콩에서는 그해 5월, 중국인이 밀집한 타이핑산(太平山) 지역에서 페스트가 유행했고, 이 달에만 약 450명이 사망했다. 국제적인 항만도시에서 유행한 페스트는 서구 사회에 충격을 줬다. 지난 몇 세기에 걸쳐 유행을 되풀이하면서 사회에 큰 피해를 준 페스트는 그 시점까지도 유럽인들의 정신

세계에 큰 영향을 끼치고 있었던 것이다.

국제조사단이 조직돼 현지에 파견됐다. 그중에는 일본인 한 사람과 스위스 태생의 프랑스인 한 사람이 있었다. 키타자토 시바사부로(北里柴三郎, 1853~1931)와 알렉상드르 예르생(Alexandre Yersin, 1863~1943)이었다. 키타자토는 코흐의 제자였고, 예르생은 프랑스의 세균학자 파스퇴르의 학통을 이어받은 인물이었다. 시대를 대표하는 두 세균학자의 제자가 원인균을 탐색하기 시작했다.

키타자토는 홍콩에 도착하자마자 페스트의 원인균을 발견했고, 그 성과를 '페스트균(예보)'이라는 용어를 써서 영국의 의학 잡지《란셋(The Lancet)》의 1894년 8월 호에 발표했다. 그보다 늦게 예르생도 페스트균을 발견했다고 보고했다. 양자의 차이는 페스트균이 그람염색에서 양성으로 드러나느냐 아니냐의 차이였다.

그람염색이란 덴마크의 세균학자 한스 그람(Hans Christian Gram)이 발명한 염색법으로, 세균은 염색에 의해 크게 두 가지로 분류된다. 보라색으로 물드는 것을 그람 양성균, 보라색으로 물들지 않고 붉게 보이는 것을 그람 음성균이라고 한다. 이 같은 색의 변화는 주로 세균의 세포벽에 포함된 지질(脂質)의 양으로 좌우된다. 지질이 적으면 그람 양성이 되고, 지질이 많으면 그람 음성이 된다. 또 일반적으로 그람 음성균은 병원성이 강하고, 그람 양성균은 약하다. 키타자토가 발견한 균이 그람 양성균으로 기재돼 있었던 데에 비해 예르생이 발견한 균은 그람 음성균으로 적혀 있었다. 결과적으로 보면, 예르생의 보고가 옳았다.

그러나 예르생도 키타자토도 페스트의 감염경로를 밝혀내진 못했다. 퍼즐의 마지막 조각을 맞춘 것은 타이완에서 연구를 진행 중이던 오가타 마사노리(緒方正規, 1853~1919)와 봄베이에 있던 프랑스인 과학자 폴 루이 시몽(Paul-Louis Simond, 1858~1947)이었다. 1897년, 오가타와 시몽은 페스트가 벼룩으로 매개된다는 사실을 밝혀냈다.

국제 방역 체제 확립과 감염병 대책의 정치화

이때의 체계적인 국제 협력은 구미 사회가 느낀 위기감에서 기인했다. 열강들은 홍콩에 거주하는 유럽인들을 보호하고 홍콩이라는 국제적 항만도시를 통해 페스트가 구미 사회로 퍼지는 것을 막아야 했다.

1842년, 아편전쟁이 끝나고 체결된 난징조약에 따라 영국으로 할양된 홍콩은 겨우 수십 년이라는 짧은 기간에 변변찮은 한촌에서 동아시아의 주요 무역항으로 거듭났다. 할양 당시 8,000명 정도였던 인구는 1865년에 12만5,000명(그 가운데 2,000명이 구미인)이 됐다. 홍콩을 경유해 들어올지도 모를 페스트는 구미 사회에게 실로 현실적인 위협이었다.

홍콩에서의 국제 협력은 성공했다. 격리 검역이 효과적으로 기능한 결과, 페스트가 구미로 유입되는 것을 예방할 수 있었다. 다만 홍콩에서는 그 뒤에도 30년에 걸쳐 페스트가 계속 유행하면서 사회문제가 됐다.

청조 말기인 1911년과 1912년, 만주에서는 대규모로 폐페스트가 유행했다. 그때에도 국제조사단이 신속하게 조직됐다. 그 배경에는 홍콩에서의 성공 경험 외에도 복잡한 국제정치상의 줄다리기가 있었다.

만주에서 폐페스트가 유행한다는 정보를 입수한 러시아와 일본은 페스트 대책을 구실로 만주 진출을 꾀했다. 한편 그런 움직임을 우려한 청조 정부는 1911년 펑톈(奉天)에서 국제 페스트 회의를 주최해 일본과 러시아 외에도 영국, 프랑스, 독일, 이탈리아, 네덜란드, 오스트리아, 미국, 멕시코 등을 초청함으로써 러일 양국의 개입을 미연에 막고자 했다.

그리고 국제조사단이 신속하게 조직되면서 청조 정부의 의도는 성공을 거뒀다. 이는 제국주의하에서 감염병과 그 대책이 정치적 문제로 비화한 최초의 사례였다.

홍콩의 페스트 유행이 가져다준 교훈은 두 가지다.

첫째, 이러니저러니 해도 그때까지 구미 사회가 식민지 경영을 통해 축적한 의학적 경험이 충분히 발휘됐다는 점이다. 국제 협력하의 검역 체제가 없었다면 당시 유행한 페스트는 세계적 규모의 참화로 번졌을 가능성도 있다.

둘째, 감염병과 그 대책이 근대 국제정치의 정식 무대에 등장했다는 점이다. 그런 사례는 지금도 있다. 최근의 예로는 중증급성호흡기증후군(severe acute respiratory syndrome, 이하 사스)이나 신형 인플루엔자를 들 수 있고, 근절된 천연두 바이러스의 보관 문제를 둘러싸고 국제사회에서 힘의 정치가 작동한 적도 있다.

제국주의가 초래한 감염병 유행

페스트 유행에 대처해 국제 방역 체제를 확립한 것이 당대 제국 의료·식민지 의학의 공적이었다면, 1918년부터 1919년까지 세계적으로 유행한 신형 인플루엔자는 제국주의가 감염병 유행을 불러왔던 커다란 부(負)의 유산이라고 할 수 있을지 모르겠다.

제1차 세계대전 말기인 1918년부터 2년 동안 유행한 스페인 독감은 전 세계에서 5,000만 명에서 1억 명에 이르는 엄청난 목숨을 앗아갔다. 가장 큰 피해를 입은 지역은 아프리카와 인도였다.

사하라 이남 아프리카의 피해는 약 238만 명으로 추정된다. 당시 아프리카 인구의 2퍼센트에 해당하는 숫자다. 이만한 인구가 1년에서 2년이라는 짧은 시간에 사망한 사건은 아프리카 대륙의 입장에선 인구학적 악몽이었다.

전 세계	4,880만~1억 명
아시아	2,600만~3,600만 명
인도	1,850만 명
중국	400만~950만 명
유럽	230만 명
아프리카	238만 명
서반구	154만 명
아메리카	68만 명
일본	39만 명

그림 4-6. 스페인 독감(1918~1919) 사망자 추계 <Johnson & Mueller 2000>을 토대로 다시 작성.

유행을 일으킨 요인으로 식민지 시대 때 아프리카 대륙에 도입된 교통 시스템(해안선을 따라 항구와 항구를 잇는 선박, 해안과 내륙을 연결하는 철도와 도로, 하천을 왕래하는 선박)과 제1차 세계대전으로 촉발된 전시체제 아래 편성된 군대와 노동자의 이동을 들 수 있다.

1914년에 발발한 제1차 세계대전은 당초 유럽에 국한된 싸움이었으나 머지않아 유럽 열강이 지배하는 식민지를 통해 전 세계로 파급됐다. 사하라 이남 아프리카도 예외가 아니었다. 개전 이듬해인 1915년에는 영국·프랑스 연합군이 독일 식민지인 서아프리카 토고(Togo)를 점령했다. 그해에 남아프리카군이 독일령 남서아프리카를 점령했으며, 개전 2년 뒤인 1916년에는 카메룬이 점령당했고, 4년째인 1918년에는 독일령 동아프리카도 영국·남아프리카 연합군에게 점령당했다. 이 같은 전투의 주역을 맡았던 것이 현지의 식민지군이었다. 아프리카인이 전투에 참가했고, 그 과정에서 식료나 노동력이 강제로 이동됐다. 아프리카 각지에서 그때까지 볼 수 없었던 대규모 인구 이동이 이뤄졌다. 그때 홀연 모습을 드러낸 것이 스페인 독감이었다.

식민지를 휩쓴 스페인 독감

사하라 이남 아프리카에서 벌어진 스페인 독감 유행은 서아프리카, 시에라리온의 수도 프리타운에서 시작됐다. 당시 프리타운은 석탄 보급기지이자 유럽과 남아프리카를 연결하는 중요한 항구였다.

1918년 8월 15일, 유럽에서 약 200명의 환자를 싣고 온 군함 한 척이 프리타운에 나타났고, 현지 노동자들을 동원한 석탄 선적 작업이 이뤄졌다. 10일 뒤에 두 명의 현지인이 폐렴으로 사망했고, 많은 사람들이 인플루엔자 증상으로 고통을 겪기 시작했다.

유행은 선박을 통해 아프리카 대륙 연안부의 항구에서 항구로 퍼져갔으며, 또 구리나 금, 목재 등의 천연자원을 운반하기 위해 정비된 철도와 하천을 따라 항구에서 내륙으로 퍼져갔다.

예컨대 서아프리카의 경우, 세네갈의 수도 다카르까지 퍼진 인플루엔자가 프랑스령 서아프리카에서 세네갈강을 거슬러 올라 내륙의 사바나 지방으로까지 퍼져나갔다. 내륙으로 퍼진 인플루엔자는 바마코(말리의 수도) 철도를 따라 말리로 확산되는 동시에, 말리에서 니제르강을 타고 강 상류에서

그림 4-7. 아프리카 대륙에서 유행한 스페인 독감의 경로 Patterson과 Pyle 작성.

하류로 내려가 니제르와 나이지리아로 번졌으며 또 볼타강을 타고 강 상류에서 하류로 내려가 가나로 퍼졌다. 한편 해안선을 따라간 유행은 프리타운에서 동쪽으로 진행해 가나, 토고에 이르렀다.

프리타운에서 유행하기 시작한 스페인 독감은 그와 별개로 시계 반대 방향으로 돌면서 서아프리카 지역을 일주하고 해안을 따라 퍼져 나간 독감과 몇 개월 뒤 가나의 수도 아크라와 나이지리아 수도 라고스에서 합류했다.

남아프리카에서도 인플루엔자는 철도와 하천을 따라 확산됐다. 1918년 9월, 남아프리카의 케이프타운에 도달한 인플루엔자는 10월 초순에 남로디지아(지금의 짐바브웨) 제2의 도시 불라와요를 휩쓸고 10월 하순에는 북로디지아(지금의 잠비아)와 프랑스령 콩고(지금의 콩고공화국)를, 11월에 들어서는 벨기에콩고(지금의 콩고민주공화국)를 덮쳤다. 인플루엔자는 케이프타운에서 채굴한 다이아몬드와 금을 수출하기 위해 정비돼 있던 철도를 따라 북상해 로디지아에 이르렀고, 결국 콩고강에서 브라자빌(콩고공화국의 수도)과 레오폴드빌(지금의 킨샤사, 콩고민주공화국의 수도)을 경유해 대서양으로 빠져나갔다.

인플루엔자는 대서양에서 200킬로미터 정도밖에 떨어지지 않은 내륙의 킨샤사나 브라자빌로, 해안 쪽에서가 아닌 케이프타운 쪽에서 철도를 타고 유입됐다. 철도가 인플루엔자 유행에 얼마나 큰 영향을 줬는지 알 수 있다. 이 철도야말로 식민지 경영의 뼈대였다.

스페인 독감은 인도에서도 큰 피해를 냈다. 인도에서만 2,000만 명이나 되는 사망자가 나왔다. 여기에 기근이 기름을 부었다. 기근에 따른 영양실조가 인플루엔자에 대한 저항력을 약화시켰고, 인플루엔자가 노동력 저하를 초래했다. 곡물 생산량은 5분의 1로 떨어졌고, 식료품 가격은 몇 배나 치솟았다. 그럼에도 중요한 전시 물자였던 곡물은 전시체제하의 영국으로 수출됐다. 악순환에 박차를 가한 것이다.

이렇게 보면 제1차 세계대전은 식민지까지 몽땅 끌어들인 총력전이었다는 것을 알 수 있다. 아프리카에서 벌어진 열강들의 대리전쟁이 인플루엔자 확대에 토양을 제공했고, 식민지 경영의 뼈대를 떠받쳤던 철도가 인플루엔자를 실어 날랐다. 피해를 악화시킨 것은 식민지 수탈이었다.

진화의학, 바이러스가 사람을 죽이고 살리는 기준

가정이지만 스페인 독감이 제1차 세계대전 중이 아닌 다른 시기에 출현했다면 유행 양태와 피해 상황은 어떠했을까? 첫째로, 유행 속도는 틀림없이 실제 스페인 독감보다 느렸을 것이다. 병사나 물자의 동원, 전선에 설치된 참호나 막사 등 밀집된 거주환경은 병원체의 전파에 좋은 토양을 제공했으리라. 실제 스페인 독감이 유행한 경과를 보면 많은 지역에서 제1파 유행보다 제2파 유행에서 치사율이 높았고, 제3

파에서 다시 치사율이 내려갔다. 스페인 독감의 유행 속도와 바이러스 독성 간의 관계는 병원체 진화와 얽혀 있는 문제로, 흥미로운 주제다.

진화의학이라 불리는 분야가 있다. 자연선택에 의한 진화를 질병의 본질적 원인으로 보는 학문이다. 진화의학에 따르면, 예컨대 발열이라는 생리현상은 병원체를 없애기 위한 진화적 적응반응이다. 따라서 해열(解熱)이라는 의료 행위는 오히려 질병에서 회복되는 것을 지연시키는 행동이 된다.

또다른 예로 말라리아는 일반적으로 증세가 심해지는 쪽으로 진화해온 것으로 보인다. 말라리아 환자가 피로해서 움직일 수 없게 되면 모기에 물리기 쉬워지고, 환자가 모기에 많이 물릴수록 말라리아 원충의 번식 기회는 증대되기 때문이다. 그런데 만일 모기장을 쓴다면 설령 환자를 중증 상태로 만든다 해도 모기의 흡혈 기회를 높이지 못한다. 이 말인즉 환자의 병이 깊어지는 것이 말라리아 원충의 번식에 기여하지 못한다는 뜻이다. 어쩌면 이로 인해 중증의 말라리아가 도태 압력을 받게 되면서 말라리아의 증상이 가벼워질지도 모른다.

숙주가 건강하게 돌아다니는 것이 병원(病原) 미생물의 번식에 유리하다면, 병원 미생물은 증세가 가벼워지는 방향으로 진화한다. 예를 들어 비말로 감염되는 호흡기 감염병은 환자가 건강하게 돌아다닐수록 감염 기회가 늘어난다. 그렇다면 인플루엔자 바이러스는 장기적으로 증세가 가벼워지는 쪽으로 도태 압력을 받게 될 것이다. 자연 숙주인 물새들 사이에서는 보통 인플루엔자 바이러스가 병을 일으키지 않는다. 이는 그런 도태 압력을 바이러스가 계속 받아온 결과일지도 모른다.

한편 단기적으로는 다른 방향으로 생각해볼 수도 있다. 인플루엔자는 유행 속도가 빠르면 빠를수록 독성이 높은 쪽으로 변모할 것이라는 주장이다. 유행이 폭발적으로 일어나는 환경에서는 독성이 강해서 환자가 중증이 된다 해도 강력한 감염력을 지닌 바이러스가 더 많은 증식 기회를 가질 수 있다. 거꾸로 얘기하면, 유행 속도가 완만해진 상황에서는 단기적으로 독성이 높은 바이러스가 자연의 선택을 받기 어려워진다는 뜻이다. 다음 감염이 일어나기 전에 숙주가 사망해버리면 감염의 연쇄가 끊어지고 바이러스 자체가 생존의 위기에 처하게 되기 때문이다.

스페인 독감의 경우, 제1차 세계대전이 한창 진행 중이던

1918년에 초기 유행이 시작됐다. 전시하에서 병사와 물자가 동원됐고, 참호와 밀집된 막사가 전선 이곳저곳에 배치됐으며, 식민지에서 온 현지인 병사와 주민들이 전쟁에 관여했다. 이렇듯 평시와는 다른 체제가 유행의 속도를 높이는 데 기여했다. 높은 유행 속도는 독성이 강한 바이러스에게 유리한 환경이었고, 이 때문에 제1파보다 제2파에서 더 큰 피해가 발생했다고 추측할 수 있다. 이윽고 유행이 진행되면서 면역을 획득한 사람이 늘어남에 따라 유행 속도도 느려졌다. 이 상황에서는 독성이 약한 바이러스가 자연의 선택을 받는다. 그 결과 제3파의 유행 때는 피해가 경미했던 건지도 모른다. 사실 여부야 어찌됐든 흥미로운 사고실험이다.

2. 인류의 반격이 시작되다

많은 비극을 경험했음에도
20세기 중후반에 들어선 우리 인류는
감염병에 대해 큰 환상을 품게 됐다

"감염병 교과서를 닫고, 질병과의 싸움에서 승리를 선언
할 때가 왔다." 미국 공중위생국장이었던 윌리엄 스튜어트
(William H. Stewart, 1921~2008)가 1969년 미국 의회 공청회장에
서 뱉은 말이다. 페니실린을 비롯한 여러 항생물질들이 개발
되고, 소아와 그 가족을 괴롭혀온 폴리오(소아마비)의 백신이
완성됐으며, 천연두 근절 계획이 목표 달성 직전까지 와 있
던 시대.

전 세계가 과학과 기술에 꿈을 맡기던 시대였다. 1961년
케네디 대통령의 발표로 시작된 아폴로계획은 1969년 7월

20일, 인류 최초로 달 표면에 사람을 착륙시키는 형태로 결실을 이뤘다.

사회 내에서의 질병 구조도 크게 전환되고 있었다. 질병 구조는 특정 사회에서 죽은 사람들 중 질병으로 죽은 이들의 비율로 표시된다. 이는 인구구성, 보건 제도·의료 체제, 사회경제구조 등의 변화, 다시 말해 사회의 변화와 발맞춰 변화해간다. 근대 이후 질병 구조는 주산기질환(周産期疾患 : 임신 29주에서 생후 7일까지의 기간에 발생하는 질환)이나 결핵 등의 감염병이 주를 이루는 단계에서 비만이나 고혈압, 당뇨병, 암 등의 비감염병이 주를 이루는 단계로 이행했다. 구미 사회에서는 1800년대 후반 이후 서서히 이런 이행이 시작됐고, 1900년대 중반에 이르러 그 경향이 현저해졌다. 의학, 공중위생학의 진보가 감염병 사망 감소에 공헌했다고 생각한 사람들은 감염병의 제압에 대해 장밋빛 미래를 꿈꾸기 시작했다.

페니실린의 개발

페니실린 개발의 역사는 1929년, 배양 실험 중에 생겨난 푸른곰팡이가 포도상구균의 발육을 저지하는 것을 알렉산더 플레밍(Alexander Fleming, 1881~1955)이 발견한 데서 시작된다.

배양기 속 푸른곰팡이 주변으로 동심원 모양이 만들어졌는데, 이는 포도상구균이 자라지 않는 영역이었다. 이 현상을 본 플레밍은 푸른곰팡이가 만들어내는 물질이 항균 작용을 한다고 생각했다. 그의 가설은 푸른곰팡이의 배양여과액에도 활성물질이 존재한다는 것이 밝혀지면서 더욱 강고해졌다. 활성물질에는 푸른곰팡이의 학명(Penicillium)에서 딴 페니실린이라는 이름이 붙었다. 플레밍은 이 발견의 중요성을 인식하고 1929년 6월 자 《영국실험병리학지》에 논문을 발표했지만, 당시 의학 관계자들 사이에서는 큰 반향을 일으키지 못했다. 결국 플레밍은 페니실린 정제(精製)에 성공하지 못했고, 이 발견도 금방 잊혔다.

발견된 지 약 10년의 시간이 지난 1940년, 플레밍의 논문을 읽은 하워드 플로리(Howard Walter Florey, 1898~1968)와 에른스트 보리스 체인(Ernst Boris Chain, 1906~1979)이 페니실린을 재발견했다. 두 과학자는 페니실린의 치료 효과와 화학조성을 밝혀냄으로써 약 제조(製劑) 개발의 길을 열었다. 그 이듬해에는 임상실험에서 유효성이 확인됐고, 1942년에는 페니실린이 분리돼 실용화됐다. 결과는 극적이었다. 페니실린은 제2차 세계대전 중에 수많은 부상병, 전상자들의 목숨을 구했다. 역사상 제2차 세계대전은 감염병에 의한 사망자 수가 총탄에 의한 전사자 수를 밑돈 최초의 전쟁이었다. 제2차 세계대전 당시 미국에서는 페니실린 대량생산 작전이 맨해튼 계획과 더불어 국가 프로젝트가 됐다.

페니실린 실용화 이후 세균들의 생육을 저지하는 항균 물질의 개발이 가속화했다. 그 결과 사람들을 저토록 두려움에 떨게 했던 페스트나 발진티푸스, 장티푸스, 매독 등의 감염병 다수를 치료할 수 있게 됐다. 지난 몇 세기 동안 산모의 제1 사망 원인이었던 산욕열(産褥熱 : 분만 전후의 세균 감염에 의한 발열성 질환)이 격감했다. 물론 페니실린을 비롯한 항균 물질이 모든 감염병에 효과가 있었던 것은 아니지만, 당시 사람들로 하여금 장밋빛 미래를 꿈꾸게 하기에는 부족함이 없었다.

폴리오(소아마비)와 루즈벨트의 호소

인류가 감염병에 대해 장밋빛 미래를 꿈꾸게 된 것은 비단 페니실린 때문만이 아니었다. 1940년대 이후 많은 의학적 쾌거가 달성됐다. 그중 하나로 폴리오(소아마비)의 백신 개발을 들 수 있다.

폴리오는 아마도 고대부터 인류와 함께 살아왔을 것이다.

이집트 제18왕조(기원전 16세기~기원전 14세기)의 돌 비석에서 폴리오 특유의 짧게 변형된 다리를 지닌 젊은 신관 같은 남자가 지팡이를 짚고 있는 모습을 볼 수 있다. 그 폴리오가 20세기 전반(前半)에 구미 국가들에서 유행하기 시작했다. 대부분의 경우는 감염됐다 하더라도 증상이 미약했으나 바이러스가 중추신경에 침입하면 근육 변성(變性)이나 마비를 일으켜 심한 장애를 남겼다.

1916~1917년 동안 진행된 유행에서 뉴욕에서만 9,000명 이상의 환자와 2,000명 이상의 사망자가 나왔다. 살아남은 이들에게도 마비 증세가 남았다. 남은 평생을 목발을 짚고 살아야 하는 이들도 있었다. 원인도 치료법도 몰랐다. 당시의 공중위생 당국은 페스트 유행 때를 방불케 하는 조치를 취했다. 환자가 발생한 집을 격리시키고 문에 경고장을 붙인 것이다.

1921년, 민주당의 39세 젊은 정치가가 폴리오로 쓰러졌다. 메인주 앞바다의 섬에서 여름휴가를 보내던 8월 10일 밤에 돌연 병에 걸린 것이다. 그는 목숨을 부지했지만 남은 인생을 후유증과 싸워야 했다. 그의 이름은 프랭클린 루스벨트(Franklin Delano Roosevelt, 1882~1945). 훗날의 연구에서 루스벨트가 급성 다발성 근신경염(根神經炎)인 길랭-바레 증후군 (Guillain-Barre syndrome)에 걸렸을 가능성이 제기됐다. 길랭-바레 증후군은 주로 운동신경에 장애를 일으킨다. 사지에 힘이 들어가지 않게 되는데, 중증인 경우에는 호흡 기능까지 상실될 수 있다.

루스벨트는 1933년부터 1945년에 사망할 때까지 네 번에 걸쳐 대통령직을 수행했다. 대공황을 극복하고 제2차 세계대전을 이끌었던 그는 다른 한편으로 폴리오로 고생하는 사람들을 구제하기 위한 방법을 모색했다. 그런 노력은 1938년, 전 미국 폴리오 재단 설립으로 열매를 맺었다. 재단의 목적은 '인간에게서 생명과 자유를 빼앗는 폴리오와 싸움을 벌여나가는 것'이었다. 그해 루스벨트는 라디오를 통해 폴리오와 싸우기 위한 자금 10센트(1다임)를 백악관에 보내달라고 전 국민에게 호소했다. 눈 깜짝할 새에 100만 달러 이상의 기부금이 모였다. 기금은 후유증을 지닌 이들에 대한 지원, 연구 조성, 계발 활동에 쓰였다. 이 사회운동은 '다임의 행진'이라 불렸다.

하지만 이러한 노력도 끝내 폴리오의 유행을 멈추진 못했다. 유행은 되풀이됐다. 세균 감염병 치료에서는 항생물질이 극적인 효과를 발휘했으나 폴리오에는 치료법도 예방법도 없었다. 1952년 폴리오는 다시 미국을 덮쳤다. 미국 전역에서 6만 명 가까이가 발병해 3,000명이 사망하고 2만 명 이상이 장애를 갖게 됐다.

폴리오 백신이 개발되다

참화를 물리친 것은 백신이었다. 1954년, 조너스 소크(Jonas Edward Salk, 1914~1995)가 개발한 불활화(不活化) 폴리오 백신의 대규모 야외 실험이 시작됐다. 불활화 백신이란 세균이나 바이러스를 불활화(본디 가지고 있던 기능을 없앰-역주)해서 독성을 없애고 그로부터 면역에 필요한 물질을 추출해서 만든 백신을 말한다. 백신은 체내에 들어가도 증식하지 않기 때문에 안전성이 높지만, 면역 지속 시간이 짧다는 결점이 있다. 불활화 백신은 통상 몇 번이나 접종을 해야 한다.

백신에는 불활화 백신 외에 약독성(弱毒性) 백신이 있다. 약독성 백신이란 독성을 약화시킨 세균이나 바이러스를 이용해서 만든 백신이다. 일반적으로 불활화 백신에 비해 획득할 수 있는 면역력이 강하고 면역 지속 시간도 길지만 살아있는 병원체를 사용하기 때문에 감염에 의한 부작용을 억제할

그림 4-8. 조너스 소크와 앨버트 세이빈 최소한 1만5,000년에 걸쳐 인류를 괴롭혀온 폴리오는
이 두 의학자에 의해 퇴치됐다.

필요가 있다.

소크는 40만 명 이상의 어린이들에게 불활화 백신을 접종
해 안전성과 유효성을 확인했다. 그때 미국은 국가 차원에서
그 성공을 축하했다. 당시 대통령이던 아이젠하워는 불활화
백신을 전 세계에 제공할 용의가 있다고 발표했다.

1950년대 후반에는 앨버트 세이빈(Albert Bruce Sabin,
1906~1993년)에 의해 약독성 백신이 개발됐다. 이로써 세계 표
준 백신이 확립됐다.

'다임의 행진'으로 모인 기금은 폴리오 백신 개발에 큰 공

헌을 했다. 기부금은 1962년까지 6억 달러를 넘겼다. 광범한 대중운동을 통한 백신 개발, 그것을 활용한 폴리오 제압이라는 성공은 이후 의료·의학에 대한 미국 사회의 사고방식에 큰 영향을 끼쳤다. 지금도 인플루엔자에 대한 미국의 대응은 백신 개발을 중심으로 한다. 1960년대 중반부터 추진된 천연두 근절 계획에서 미국이 공헌한 배경에도 이 같은 폴리오 백신의 성공적인 개발 경험이 자리하고 있었을 것이다.

폴리오의 미스터리

폴리오는 인류에게 오랜 질병이다. 그럼에도 서구 여러 나라에서 대규모로 유행한 것은 20세기 이후의 일이었다. 경제가 발전하고 위생 상태도 개선되던 시기에 폴리오의 대규모 유행이 시작된 것이다. 이 공중위생학적 모순은 아직도 수수께끼로 남아 있다. 나는 이 수수께끼에 도전해보려 한다.

먼저, 위생 상태가 비교적 나빴던 20세기 이전 사회에서 유행한 폴리오를 생각해보자. 폴리오가 만연하고 있었던 것은 분명하다. 폴리오는 엔테로바이러스속(enterovirus屬)으로 분류되는 폴리오바이러스에 의해 발병한다. 바이러스는 장내에서 증식한 뒤 분변을 통해 배출된다. 배출된 바이러스는 입을 통해 감염된다. 이런 감염 방식을 분구감염(糞口感染)이라 하는데, 위생 상태가 나쁜 곳에서 흔히 유행한다.

한편 감염병에서 유행 강도와 평균 감염 연령은 역상관관계에 있다. 유행 강도가 높을수록 평균 감염 연령은 낮아지며, 거꾸로 강도가 낮을수록 감염 연령은 높아진다. 이에 대해서는 서문에서 '소아 감염병'에 대해 이야기할 때 언급한 바 있다(267쪽 부록 참조). 즉, 20세기 이전의 위생 상태가 비교적 나쁜 사회에서는 평균 감염 연령이 낮았다가, 20세기에 들어와서 위생 상태가 개선됨에 따라 폴리오 감염 연령이 올라갔을지도 모른다. 20세기 이후 서구 사회에서 폴리오는 주로 소아들을 덮쳤으나 20세기 이전 사회에서는 폴리오가 유아들을 감염시켰을 가능성이 있다.

그런데 생후 6개월 이내의 유아에게는 어머니로부터 물려받는 항체인 이행항체(移行抗體)가 있다. 또 수유기에는 모유를 통해 방어 항체를 받을 수도 있다. 이렇게 어머니로부터 받은 항체는 감염을 완전하게 예방하지는 못할지라도 그 강도를 낮춤으로써 폴리오의 특징인 마비를 막을 수 있을지 모른다.

폴리오는 감염 뒤 1~2주 동안 발열, 권태감, 구토, 설사 등의 초발(初發) 증상을 보이면서 발병한다. 이런 증상이 며칠간 이어지다가 열이 내려갈 즈음 이완성 사지 마비가 일어난다. 중증의 경우는 횡격막까지 마비돼 호흡 기능을 상실하게 되는데, 중증 사례는 소수이며 대부분 감기와 같은 증상 정도를 거쳐 치료된다. 이것을 불현성(不顯性 : 겉으로 드러나지 않는 성질-역주) 감염이라 하며, 폴리오바이러스 감염으로 영구적인 마비를 겪는 이는 1,000명의 감염자 중 한 사람 정도다.

한편 위생 상태가 개선되자 유행이 약화됐고, 출생 직후 바이러스에 노출될 가능성이 낮아졌다. 평균 감염 연령은 올라갔지만 결과적으로 폴리오 발병 수는 많아졌을지도 모른다. 이렇게 본다면 폴리오를 둘러싼 미스터리는 역학적으로 모순이 없을 뿐 아니라 정확하게 맞아떨어지게 된다.

천연두 근절 계획

1958년, 천연두 근절 계획이 시작됐다. 이 계획은 WHO(세계보건기구)의 최고의사 결정기관인 총회에서 가결되면서 시작됐다. 당시 천연두는 40개국 이상에서 유행하던, 세계 최대 규모의 감염병 가운데 하나였다. 매년 1,000만 명 이상이 이 병에 감염돼 약 200만 명이 죽었다.

근절 계획을 제안한 것은 당시 소련 대표였다. 많은 나라들이 제안의 취지에 이해를 표명하면서도 그 실현에는 의문을 표했다. 사실 근절 계획이 시작된 뒤에도 그 진행 상황은 도무지 만족할 만한 상태가 아니었다.

전환점은 1965년에 발표된 미국 대통령의 성명이었다. 당시의 대통령 린든 존슨(Lyndon Baines Johnson, 1908~1973)이 계획 추진을 강력하게 지지하는 성명을 낸 것이다. 10년에 이르는 천연두 근절 집중 계획이 WHO에서 승인됐고, 마침내 전 지구적 규모로 가동되기 시작했다.

당시는 동서 냉전이 한창이던 시대였다. 1957년 10월 4일, 소련은 인공위성 '스푸트니크 1호'를 쏘아 올려 과학기술이나 우주개발 분야에서 동쪽 제국(사회주의권)을 압도하고 있다고 믿었던 미국을 비롯한 서쪽 제국에 충격을 줬다. 스푸트니크 쇼크의 영향은 대단해서, 그 뒤 두 나라는 인공위성이나 우주개발 분야에서 격전을 벌이게 된다. 천연두 근절 계획은 그런 정치 상황 아래서 추진된 미소 공동사업이었고, 그래서 이를 그 시대의 획기적인 사건이라고 평가하는 이들이 많다. 그러나 당시에도 계획 자체의 타당성에 대해서는 전문가들조차 회의적인 의견이 다수였다. 개발도상국 대부분은 계획에 찬성했으나 선진국 대다수는 반대했다. 천연두 근절 집중 계획은 겨우 두 표 차이로 승인됐다.

근소한 표차로 승인된 계획은 많은 전문가들의 예상대로 기술적, 사회적, 문화적 장벽에 부딪혔다. 그럼에도 현장에서 환자를 찾아내거나 백신을 접종하는 일을 맡은 이들은 정글이나 사막, 고지대를 헤치며 들어갔고, 내전의 상흔이 생생하게 남아 있는 나라들까지 찾아가 계획 달성을 위해 노력했다. 동서 냉전 중이었지만 이 계획을 공동제안한 당사자가 미소 양 대국이었다는 사실이 큰 이점으로 작용했다.

기술적 문제도 서서히 해결돼갔다. 양 갈래 주사 바늘과 동결건조 백신의 개발은 근절 계획에서 커다란 기술적 도달점이었다. 양 갈래 주사 바늘이란 바늘 끝이 두 갈래로 나뉘어져 있어서, 바늘을 백신 용액에 담그면 표면장력으로 필요한 양의 용액이 두 갈래 사이에 달라붙어 쉽게 그 양을 확보할 수 있는 주사 바늘이다. 이로써 접종할 백신 양이 일정해져 안정된 면역력을 획득할 수 있게 됐다. 동결건조 백신은 백신을 동결, 건조시킴으로써 상온에서 보존과 수송이 가능하도록 만든 것인데, 이로써 그때까지 불가결했던 '냉장의 고리(백신이 이동 중에 변성되지 않게끔 목적지에 도착할 때까지 지속적으로 냉장 시설에서 냉장 시설로 옮기는 것-역주)'가 필요 없어졌다. 이 기술의 개발로 전기 시설이 없는 뜨거운 열대 지역에서도 백신 접종이 가능해졌다.

1972년 남미에서 천연두가 근절됐다. 같은 해에 인도네시아에서도 근절됐으며, 이듬해에는 아프가니스탄에서, 1974년에는 파키스탄에서, 1975년에는 인도에서 근절됐다. 아시아에서 천연두는 급속히 사라져갔다. 남은 유행 지역은 아프리카뿐이었다.

최후의 고지, 아프리카

아프리카의 천연두 대책은 1967년, 미국의 협력으로 우선 서부 및 중앙아프리카에서 시작됐다. 이 지역에서 천연두 대책은 순조롭게 추진됐다. 여기에 자극을 받는 모양새로 다른 아프리카 국가들에서도 천연두와의 싸움을 시작했다. 자이르(지금의 콩고민주공화국), 탄자니아, 잠비아 등에서 차례차례 천연두 근절 계획이 달성됐다. 이런 성공이 계획에 회의적이었던 사람들의 생각을 바꿨다. 많은 나라들이 계획에 협력하겠다고 나섰다.

그러나 아프리카 대륙 전체로 보면 근절은 여전히 갈 길

그림 4-9. 아프리카의 뿔 아프리카의 뿔은 아프리카 동부, 아라비아반도 바로 아래에 있는 홍해 입구 일대를 가리킨다.

이 멀었다. 에티오피아, 소말리아, 지부티, 케냐의 일부를 아우르는 '아프리카의 뿔'이라 불리는 지역은 사막, 고산, 밀림이 뒤섞인 복잡한 지형을 지닌 데다 빈민이 많고 게릴라 활동이 활발해서 정치적으로 첩첩산중이라 할 만한 곳이었다.

천연두는 이 지역에서 마지막까지 유행했다. 근절 계획 본부는 이 지역을 최후의 전선으로 삼아 총력전을 전개한다.

티그롤을 향해

제2대 천연두 근절 본부장이었던 아리타 이사오(蟻田功, 1926~)는 당시 상황을 다음과 같은 기록으로 남겼다.

우리 세 사람은 랜드로버를 타고 목요일에 감벨라(Gambella) 마을을 나와 지로라는 곳으로 갔다. 거기서부터는 강을 건너야 했다. 그러나 수량이 많아서 차로는 건널 수 없었다. 사흘이나 망설이고 망설인 끝에 마침내 우리는 수단 국경을 향해 200킬로미터를 걸어가기로 했다. 돌아올 때는 어떻게 해야 할까. (중략) 그때 마침 지로에 선교사들을 태운 비행기가 착륙했기에 조종사에게 부탁해봤다. "우리는 지금부터 수단 국경 근처에 있는 티그롤까지 걸어가려한다. 2주일 뒤 티그롤에서 우리를 태워줄 수 없겠는가?" "아마도 태울 수 있을 것이다. 하지만 당신들이 말하는 5월 1일 아침 8시에 만일 내가 가지 못한다면,

틀렸다고 생각해라." (중략) 오후 3시, 나침반에 의지해 서쪽을 향해 걸어가기 시작했다. (중략) 길고 무더운 도보 여행이었다. 매일매일 이 지구상에서 가장 문명이 뒤처진 땅을 걷고 또 걸었다. 그러나 서늘하고 반짝반짝 빛나는 듯한 아침과 지로강의 잔물결, 그리고 청결하고 공손한 주민들이 우리를 위로해줬다. (중략) 걷기 시작한 지 11일째 되는 밤, 티그롤에 도착했다. 그날은 아침 7시 반부터 쉼 없이 계속 걸었다. 동료 한 사람은 아메바성 이질에 걸려 심한 설사로 고생했다. 자리에서 일어나지 못한 채 쇠약해질 뿐이었다. (중략) 내게도 설사가 덮쳤다. 이틀간 아무것도 먹을 수 없었다. 고기 한 조각도 그대로 피똥에 섞여 나왔다. 이상하게도 그 설사는 5월 1일 아침 9시, 즉 약속 시간에서 한 시간이 지나, 지로에서 우리의 부탁을 받았던 조종사가 결국 오지 않을 것이라고 절망했을 때부터 시작됐다. (중략) 비행기가 오지 않는 티그롤의 활주로에는 DC3형 비행기의 잔해가 있었다. 우리는 그 날개에 드러눕거나 하면서 오지 않는 비행기를 기다렸다. 티그롤의 경찰은 우리의 건강이 상당히 좋지 않은 상태라고 감벨라에 긴급 연락을 했다. 5월 3일 아침, 갑자기 폭음이 들려왔다. 비행기가 온 것이다. 우리는 자리에서 튀어 올라 비행장으로 달려갔다. 비행기는 두 번 마을 위를 선회한 뒤 날아가버렸다. 우리의 마음은 무겁게 가라앉았다. 멀리서 천천히 다시 폭음이 들려오기 시작했다. 그리고 비행기가 착륙했다. 그 비행기를 타고 우리는 티그롤 마을을 바라봤다. 큰 강이 수단 국경을 향해 흘러가고 있었다.

고지에서 고지로

이 지역의 근절 계획에는 미국뿐 아니라 일본의 젊은이들도 참가했다. 천연두 감시원으로 에티오피아의 근절 계획에 참가한 나가사키 대학 열대의학연구소의 키무라 에이사쿠(木村栄作)도 당시 상황을 다음과 같이 기록했다.

나는 국제 협력사업단의 파견 전문가로 에티오피아의 천연두 박멸 계획에 참가했다. 이 계획은 1971

년에 세계보건기구의 후원으로 시작된 것인데, 당시 에티오피아는 대량의 잠재 환자가 한꺼번에 보고된 탓에 전 세계 천연두 환자의 절반 이상이 발생한 심각한 지역이었다.

나는 1973년 가을부터 1975년 봄까지 천연두 박멸 계획의 말단에서 디스포저블(일회용) 노동력으로 혹사당했다. 일본 해외청년협력대나 미국 평화부대 등과 함께 지독한 산골에서 천연두 조사, 예방접종 등의 일을 했다.

에티오피아의 지형은 2,000미터에서 3,000미터 높이의 대지가 비로 깊숙이 침식되면서 형성됐는데, 테이블 형태의 고원지대가 많다. 이들 고원 끝은 마치 미국의 그랜드캐니언처럼 장대한 절벽으로 되어 있었다. 사람들은 고원의 쾌적한 기후를 찾아, 또는 말라리아 등의 열대병을 피해 상당히 높은 곳에 집락을 형성하고 있어서 이웃 마을에 가려 해도 골짜기 아래까지 1,000미터를 내려간 뒤 다시 같은 높이를 올라가는 불편을 겪어야 하는 경우가 적지 않다. (중략)

6월 16일, 나귀에 짐을 싣고 가이드, 통역을 따라

아다르카이를 출발했다. (중략) 우박이 섞인 소나기와 번개는 정말 지독했다. 이제 우기가 끝날 때까지는 일하기 어렵다. 이번 여행이 마지막일 것이다.

우리의 임무는 천연두 감염원을 추적하는 것이어서 여행 예정이라는 게 없다. 현지로 가서 정보를 수집하면서 다음 날의 행동을 정한다. (중략) 음식은 전부 현지 조달이다. (중략) 먹을 것을 도무지 구하지 못할 때가 있다. 피로와 공복에 찌든 몸으로 산길을 터벅터벅 걸어가면서 이젠 이런 일에서 발을 빼고 싶다는 생각을 자주 했다. (중략)

6월 18일, (중략) 라모라는 마을에 도착. 천연두 환자를 다수 발견했다. 젊은 여성 한 사람은 한쪽 눈을 실명했다. 다른 눈도 위험했다. 가족을 조사해 감염원을 알아냈다. 열흘 정도 전에 천연두 발진 증상을 보인 나그네를 집에 재워줬다고 한다. 나그네는 세멘의 오지에서 온 승려였다.

《열대의학연구소 동문회지》, 1977년

그림 4-10. 말을 타고 고지대 길을 지나는 에티오피아 남성 에티오피아인들은 말라리아를 피해 고지대에 주거지역을 만들었다. 이동 수단은 주로 말과 나귀이다.

젊은 나이여서 약간 삐딱한 부분도 있지만 뜨거운 마음 없이는 할 수 없는 일이다. "말라리아 등의 열대병을 피해 상당히 높은 곳에 집락을 형성하고 있어서 이웃 마을에 가려 해도 골짜기 아래까지 1,000미터를 내려간 뒤 다시 같은 높이를 올라가는 불편을 겪어야 하는 경우가 적지 않다"는 서술도 재미있다. 말라리아에 대한 문화적 적응의 일환으로 에티오피아인들이 선택한 고지 거주는 한편으로는 마을과 마을을 격리시켰다. 그것이 이 지역의 사회 형성이나 발전에 어떤 영향을 끼쳤던가. 같은 기록에서 "먹을 것이 없고" "춥고" "너무 피곤하다"는 말이 몇 번이나 거듭 나온다. 마지막에 이질에 걸린 키무라는 목숨만 겨우 살아서 본거지로 돌아온다.

마지막 환자

이런 노력 덕에 천연두는 '아프리카의 뿔'에서도 밀려났다. 소말리아 남부의 항구마을에서 발병한 마오 마란이라는 남성이 지구상에서 마지막으로 자연 발생한 천연두 환자였다. 발병 날짜는 1977년 10월 26일이었다.

인류가 농경을 시작한 지 약 1만 1,000년 만에, 역사적으

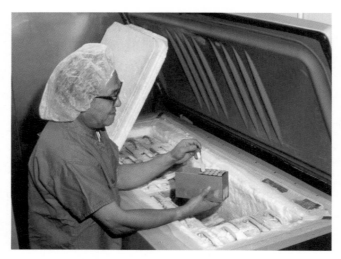

그림 4-11. 미국 질병관리센터에서 보관 중인 천연두 바이러스 전 세계를 통틀어 미국 질병관리센터와 러시아 국립바이러스·생명공학센터만이 천연두 바이러스를 보관하고 있다. 1996년에 양국은 바이러스 폐기에 동의했으나 제3국의 생화학무기 개발 혹은 모종의 경로로 다시 창궐하는 상황에 대비해야 한다는 명분으로 보유 시한을 연기했다.

로 가장 오래된 천연두 흔적을 지닌 기원전 12세기의 람세스 5세로부터 헤아려도 3,000년 만에 천연두는 지구상에서 그 모습을 감췄다. 1979년, 2년간의 감시 기간을 마친 WHO는 지구상에서 천연두가 근절됐다고 선언했다. 많은 사람이 장차 인류는 감염병과의 싸움에서 승리하리라 믿어 의심치 않았던 순간이다.

천연두가 지구 차원에서 이미 근절됐을 1978년, 영국 버밍엄에서 한 명의 환자가 발생했다. 감염된 사람은 천연두를 취급하던 실험실 위층에서 일하던 젊은 여성 검사기사(檢査技師)였다. 감염자는 사망했다. 병은 그녀의 어머니에게도 전염됐으나 어머니는 회복했다. 바이러스는 실험실에서 유출된 것이었다. 연구실 책임자는 격리 검역을 받던 중에 그 책임을 지고 자살했다. 이후 환자는 발생하지 않았다.

이 사고를 계기로 국제적인 바이러스 관리 체제가 제안됐다. 서방 국가들은 미국에서, 동방 국가들은 구소련에서 바이러스를 보관, 관리하기로 했다. 천연두 바이러스는 현재 미국 조지아주 애틀랜타에 있는 연구소와 러시아연방 시베리아 콜초보에 있는 연구소 등 두 군데에 보관돼 있다. 보관이냐 폐기냐를 둘러싸고 지금도 논란이 이어지고 있다.

병원체를 추적하던 두 의학자

노구치 히데요는 남미 에콰도르에서 황열병 병원체를 발견하고 그 치료법을 확립한 것으로 알려져 있다. 노구치는 미국 체류 중 네 번에 걸쳐 남미로 원정을 가 황열병 환자의 혈액에서 병원체를 발견했다고 보고했다. 1919년의 일이다. 그러나 나중에 검증해본 결과, 그가 발견한 병원체는 바일병〔황달출혈병성 렙토스피라증. 바일병이라는 이름은 이 병을 처음 보고한 의학자 아돌프 바일(Adolf Weil)에서 유래─역주〕의 원인균이었다.

바일병은 쥐 등의 야생동물을 자연 숙주로 삼아 거의 모든 포유류에 감염된다. 신장의 세뇨관(細尿管)에서 증식한 뒤 배설물에 오염된 물이나 토양 속에 있다가 사람의 입 또는 피부로 감염된다. 일본에서도 1970년대 전반까지 연간 쉰 명 정도의 사망자가 보고됐다. 오한과 발열, 두통, 전신 권태감, 안구결막 충혈, 근육통, 요통 등 급성 발열성 질환의 증상을 나타낸다. 중증의 경우 황달과 출혈이 발생하며 간과 신장이 손상되고 전신 출혈을 동반하는 경우도 있다.

바일병의 병원체는 1914년 규슈 제국대학의 내과 교수였던 이나다 료키치(稻田龍吉, 1874~1950)와 이토 유타카(井戸泰,

1881~1919)가 발견했다. 두 사람은 이 업적으로 노벨상 후보에 올랐다.

1918년 미국에 들렀던 이토를 항구까지 마중나간 이가 당시 41세의 노구치였다. 이토의 나이 36세였다. 그해에 이토는 이나다의 뒤를 이어 규슈 제국대학 제1 내과 교수가 됐는데, 학회 출장 중에 병에 걸려 37세의 젊은 나이로 세상을 떠났다. 세계를 휩쓴 스페인 독감이 원인이었다고 한다.

아프리카에서 황열병을 연구했던 에이드리언 스토크스(Adrian Stokes)는 황열병이 '여과성 병원체(바이러스)'에 의해 유발되는 감염병이라고 발표했다. 황열병 백신 개발로 훗날 노벨상을 받게 되는 타일러는 1926년에 노구치의 주장과 달리 렙토스피라는 황열병의 원인이 아니라고 발표했다. 점차 수세에 몰리게 된 노구치는 자신이 옳다는 것을 증명하기 위해 1927년 11월, 아프리카로 건너간다. 가나의 수도 아크라에서 황열병 연구에 착수한 노구치는, 그러나 반년 뒤 황열병에 걸려 그 이듬해인 5월 21일 아크라에서 영면했다. 향년 51세였다. 아크라의 코레브 병원에 남아 있는 노구치의 연구실을 방문할 기회가 있었다. 연구실은 그 당시 모습대로 보존돼 있었다.

제5장

전염병의 신은
주사위를
굴린다

1. 신속한 개발과 뒤늦은 발견

인류가 무엇인가를 개발한다는 것은,
새로운 감염병에 걸릴 준비를 한다는 것과 같은 말이다

개발원병

선진국 사람들이 감염병 제압이라는 장밋빛 꿈을 꾸고 있을
무렵, 지구 반대편에서는 개발이라는 이름의 환경 변화 속
에서 감염병이 조용히 유행하기 시작했다.

산업혁명 이후, 특히 20세기 이후 '개발'이라는 이름으로
진행된 자연에 대한 개입은 과거와 비교할 수 없는 규모와
속도와 복잡성을 띠게 됐다.

개발의 규모와 복잡성과 속도 탓에 촉발된 부작용 또한 예
상하기 어려운, 인간의 상상을 초월하는 형태로 나타났다. 이

같이 개발로 유발된 질병을 '개발원병(開發原病)'이라고 한다.

댐 건설과 주혈흡충증

나일강 하류 지역에서는 고대부터 빌하르츠 주혈흡충증(Bilharz 住血吸蟲症 : 빌하르츠란 명칭은 1851년에 이 병의 원충을 발견한 독일 의사 테오도르 빌하르츠(Theodore Bilharz, 1825~1862)에서 유래—역주)이 유행했다. 빌하르츠 주혈흡충은 사람의 방광이나 창자 주변의 정맥에 알을 낳는다. 산란된 기생충의 알은 오줌이나 똥을 통해 몸 밖으로 배출되며, 중간 숙주인 소라·우렁이 등의 고둥 속에서 유충으로 자라난다. 이 유충이 물속에서 사람을 만나면 피부로 감염되고, 방광이나 창자 주변의 정맥으로 운반된다. 주된 증상은 오줌을 자주 누거나 피오줌을 싸는 것인데, 만성 단계에서 방광암의 원인이 되기도 한다.

이 주혈흡충증이 이집트의 아스완하이댐(Assuan High Dam) 건설과 그에 따라 만들어진 거대한 인공 호수 낫세르호(Nasser湖)를 통해 나일강 상류 지역으로 확산됐다. 댐 완성 이전에는 5~20퍼센트였던 인근 주민들의 감염률은 댐 완성 3년 뒤 55~85퍼센트로 올라갔다. 이와 같은 사례는 가나의 볼타댐(Volta Dam)이나 중국 양쯔강 중류 지역의 싼샤댐(三峽

그림 5-1. 우주에서 본 아스완하이댐 이집트는 이 댐을 이용해 수천 년간 반복돼온 나일강 범람을 통제하는 데 마침내 성공했지만 주혈흡충증이라는 예기치 못한 재난과 맞닥뜨려야 했다.

Dam)이 건설될 때도 보고됐다. 댐이 세워지면서 조성된 인공호수로 인해 흐름이 완만한 수역이 만들어졌고, 그런 곳이 중간 숙주인 고둥의 서식지가 됐기 때문이다.

또한 거대한 댐을 건설하는 일은 수만 명 규모의 주민 이주를 동반한다. 중국 싼샤댐의 경우 이주민의 수는 총 200만 명이나 됐다. 이 같은 환경 변화는 새로운 부적응을 유발한다. 부적응은 종종 질병의 형태로 사회에 모습을 나타낸다. 손실 보전이나 사회보장이 없는 강제 이주가 빈곤을 낳고, 빈곤은 소녀들로 하여금 매춘을 선택하게 만들며, 결과적으로 에이즈나 결핵의 유행이 확대된다. 이것은 아이티에서 댐이 건설됐을 때 실제로 목격할 수 있었던 이야기다.

개발과 하천맹목증

온코세르카증(onchocerca症)은 곤충인 파리매가 매개한다. 물가에서 자라는 파리매가 사람을 쏘면 회선사상충(onchocerca volvulus)의 유충(마이크로필라리아)이 체내로 들어온다. 체내에서 성장한 회선사상충이 알을 낳고 그 알이 부화하면 갓 태어난 유충은 피부 조직 사이를 이동해 시신경을 침범한다. 그 결과 감염자는 눈이 멀게 된다. 이 때문에 이 병의 별명이 '하천맹목증(河川盲目症)'이다. 온코세르카증은 서아프리카 지역에서 사람들이 실명하는 가장 주된 원인이었다. 댐 건설로 온코세르카증이 유행하게 되자 사람들은 물가를 버리고 고지대로 이주할 수밖에 없었다. 그 정도로 온코세르카증은 심각한 것이었다.

온코세르카증의 증상 가운데 두드러진 것이 시각 장애와

고통스러울 정도의 가려움이다. 지독한 가려움 때문에 칼이나 돌로 자기 몸에 상처를 내거나 자살하려 드는 사람도 있었다고 한다. 성충은 한 마리당 하루 1,000개 이상의 알을 낳는다. 중증 환자의 몸에서는 하루 10만 마리 이상의 유충이 생겨난다. 가려움은 이 유충에 대한 염증 반응으로 일어난다.

서아프리카 지역에서 시각 장애와 파리매, 그리고 회선사상충 간의 관계는 1940년대에 들어서야 밝혀졌다. 하지만 오랫동안 대책을 세우지 못했고, 이후로도 온코세르카증은 계속 유행했다. 온코세르카증 근절을 위한 대책은 1970년대 중반이 돼서야 수립될 수 있었다.

노동과 결핵

20세기 초 남아프리카의 광산을 개발할 때는 많은 노동력이 필요했다. 킴벌리(Kimberley)나 비트바테르스란트(Witwatersrand)에서 개발된 다이아몬드와 금 광산은 그때까지 유목민들만 살았던 땅에 수십만 명 규모의 광산 도시를 출현시켰다. 그러나 이러한 광산 도시의 환경은 열악해서 노동자들은 장시간의 노동, 좁다란 주거와 밀집된 인구, 빈약한 영양 등의 나쁜 환경 속에서 일해야 했다. 그 결과 결핵이 만연했다. 광산 노동자들은 하나둘 결핵으로 쓰러졌다. 결핵으로 일을 할 수 없게 된 사람들은 고향으로 되돌아가야 했고, 되돌아간 사람들은 고향에 결핵을 유행시켰다. 그런 일이 메이지 시기의 일본 제사(製絲) 공장에서도 일어났다. 개발에 뒤따르는 착취적 노동이 결핵을 유행시킨 예다.

2. 자연선택으로서의 감염병

현생 인류의 유전정보 중 일부는
감염병과의 전쟁 지도 중 일부이다

개발과 말라리아의 오래고 새로운 관계

사하라 이남 아프리카에서 말라리아를 매개하는 것은 학질모기인데, 학질모기는 다시 아노펠레스 감비애(Anopheles gambiae)와 아노펠레스 푸네스투스(Anopheles funestus) 두 종류로 나뉜다. 푸네스투스가 열대우림의 물웅덩이 같은 응달을 좋아하는 반면 감비애는 양지바른 장소를 좋아한다.

아프리카에서 농경이 시작되고 삼림이 벌채되자 감비애에게 이상적인 생육 환경이 만들어졌다. 반투족(Bantu族)이 사하라 이남 아프리카에 농경을 도입한 것은 지금으로부터 약 2,000년 전의 일이다. 반투족은 뛰어난 기술로 삼림을 벌채했다. 열대우림 생태가 크게 바뀌면서 감비애의 번식 기회는 눈에 띄게 증대했다. 한편 농경은 정주와 인구 증가로 이어졌으며, 이는 감비애에게 흡혈의 기회를 늘려줬다. 감비애의 서식지는 더욱 확대됐고 그 수도 늘었다.

사람을 감염시키는 말라리아 원충에는 3일열 말라리아 원충, 4일열 말라리아 원충, 난형열(卵形熱) 말라리아 원충, 열대열 말라리아 원충 등 네 종류가 있다. 가장 심한 증상은 열대열 말라리아 원충에 의해 유발된다. 치료를 하지 않으면 사망률이 25퍼센트나 된다. 증세의 차이는 각각의 말라리아 원충과 사람의 관계가 얼마나 오래됐는지를 반영하는지도 모른다. 농경의 시작과 열대우림 벌채는 그 이전까지 말라리아의 숙주였던 포유류의 서식지를 좁히고 개체 수를 감소시켰다. 이 때문에 열대열 말라리아 원충은 인간에게 적응할 수밖에 없었던 건지도 모른다.

관개나 농원의 개발로 인해 매개체인 학질모기의 서식지가 바뀌고, 그 결과 말라리아가 유행한 예로는 카리브해 연안의 쌀농사 지대나 말레이반도의 고무 농원 개발을 들 수 있다. 햇볕이 잘 드는 관개수로의 물은 학질모기에게 더없이 좋은 번식 환경을 제공했다. 고무 농원의 개발은 주변 숲을 벌채함으로써 인간 거주지 가까이까지 학질모기가 침투할 수 있게 해줬다.

다만 이런 사례들도 지역이 다르면 결과가 달라질 가능성이 있다. "말라리아에 관한 모든 것은 그 지역 환경의 영향을 받아 변화한다. 이 때문에 1,000종류나 되는 서로 다른 용태와 역학적 수수께끼가 생겨나는 것이다." 미국의 말라리아 연구자 루이스 해킷(Lewis Hackett, 1884~1962)의 말이다.

고무 농원이나 관개 등의 개발은 양달을 좋아하는 모기가 많은 지역에서는 말라리아 유행의 도화선이 된다. 그러나 응달을 좋아하는 모기가 많은 지역에서는 꼭 같은 현상이 일어나지 않는다. 물론 그런 지역에서도 또 다른 건강 피해가 일어날 가능성은 있다. 개발에 따르는 삼림 벌채가 장기적으로 건강에 어떤 영향을 주는지에 대해서는 구체적으로 말할 수 있는 것이 없기 때문이다.

개발을 위한 질병 대책과 질병 대책이라는 이름의 개발

프랑스가 야심차게 추진했던 파나마운하 건설은 황열병으로 좌절됐다. 황열병의 원인이 특정되고 매개 곤충인 모기의 방제가 성공을 거둔 뒤에야 비로소 운하 건설이 가능해졌다. 또 키니네를 활용한 말라리아 대책이 수립되면서 경작하기 어려웠던 열대 지역이 비옥한 농지로 바뀌었다. 마찬가지로 결핵 대책이 수립된 뒤에야 광산 노동자들의 노동의 질이 개선됐다.

오랫동안 질병 대책은 개발 뒤에 치러야 할 대가로 여겨졌다. 그리고 앞서 언급한 사례들을 통해, 질병 대책 자체가 비용 대비 효과가 높은 개발계획이라는 점이 분명해졌다. 이를 상징적으로 보여준 것이 1993년판 《세계 개발 보고》(세계은행)였다. 그해의 보고는 '건강을 위한 투자'를 주제로 내세워 건강을 위한 투자가 얼마나 개발에 공헌하는지를 평가함으로써, 건강을 위한 투자 그 자체가 개발의 주제가 될 수 있다는 것을 보여줬다. 실로 발상의 전환이었다.

한편 개발의 목적이 환경 개변에 있는 이상, 어떤 개발이든 역학적 균형은 일종의 교란을 당하게 된다. 그 결과 사회의 질병 구조는 좋은 형태로든 나쁜 형태로든 변화한다. 질병 대책이나 감염병 대책이라는 이름의 개발계획도 예외가 아니다. 질병 대책의 성공이 '숨겨진 건강 손실'을 수반하는 경우도 있다. 살충제의 실내 잔류 분무가 삼림형 말라리아의 유행을 초래한 것이 그 예이다.

한편 장기간에 걸쳐 진행되는 건강 손실은 문제가 드러나기 전까지 알 수 없는 경우가 많다. 예컨대 천연두 근절 계획의 경우에도 이것의 성공이 병원체와 숙주를 포함한 생태계에 어떤 영향을 주고, 장기적으로 인류의 건강에 어떤 영향을 끼치게 될 것인지는 현시점에서 정확히 말할 수 없다.

적응의 부산물 — 낫 모양 적혈구 빈혈증

열대열 말라리아 원충이 인간에게 적응하자 숙주인 인간에게도 변화가 일어났다. 열대열 말라리아는 유아와 임산부의 사망률이 높고, 또 유산이나 조산을 일으키는 원인이 되기도 한다. 이것은 인간으로 하여금 말라리아에 적응하게끔 만드는 압력으로 작용했다. 그 결과 열대열 말라리아가 많이 유행하는 지역에서는 낫 모양(鎌狀) 적혈구 빈혈증이 나타나게 됐다. 이것은 중증이 될 가능성이 높은 열대열 말라리아에 대한 인간의 유전적 적응이라 할 수 있다.

낫 모양 적혈구 빈혈증은 일반적으로 단팥빵 모양인 적혈구가 낫 모양이 되는 질병으로, 빈혈을 동반한다. 이 질환은 11번 염색체상의 헤모글로빈 유전자 변이가 원인이 돼 일어

유전자형	표현형
AA	정상 헤모글로빈(HbA)
AS	낫 모양 적혈구증 경향(HbA/HbS)
SS	낫 모양 적혈구 빈혈증(HbS)

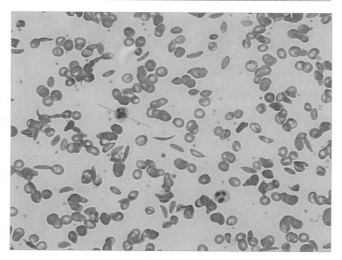

그림 5-2. 빈혈증의 헤모글로빈 유전자형과 표현형 A는 정상 유전자, S는 변이 유전자이다.

난다(그림 5-2). 열성유전을 해 변이 유전자를 두 줄기 갖고 있는 개인(호모접합자, 그림에서 SS 유전형을 가진 사람)은 심한 빈혈과 함께 뼈의 괴사, 미소혈관 폐색, 뇌신경 장애 등 용혈(溶血 : 적혈구가 파괴되면서 내용물이 주변 액체 속으로 흘러나가는 것-역주)에 따르는 심한 합병증을 겪게 되며, 성인이 되기 전에 사망하는 경우가 많다. 한편, 하나의 염색체에서만 변이 유전자를 가진 개인 (헤테로접합자, 그림에서 AS 유전형을 가진 사람)은 '낫 모양 적혈구증 경향'이라 불리는 증상을 보인다. 이들은 종종 저산소 상태가 될 때가 있지만 심한 합병증을 일으키는 경우는 적다. 비록 변이 유전자가 말라리아에 대한 면역력을 부여하는 것은 아니지만, 낫 모양으로 변화한 적혈구는 말라리아 원충의 증식을 억제해 증상을 완화시킨다.

말라리아가 많이 유행하는 지역에서는 낫 모양 적혈구증 경향을 지닌 개인이 정상 유전자를 지닌 개인이나 낫 모양 적혈구 빈혈증을 지닌 개인보다 생존과 자손을 남기는 데 유리하다. 정상 유전자를 지닌 개인은 어머니의 뱃속에 있을 때나 유아기 때 말라리아로 사망할 가능성이 크고, 낫 모양 적혈구 빈혈증을 지닌 개인은 용혈과 그로 인한 합병증 때문에 생식 연령에 도달하기 전에 사망하는 경우가 많다.

자연선택은 변이 유전자를 보존하는 방향으로 작동하는 동시에 변이 유전자를 도태시키는 방향으로도 작동한다. 그 결과 변이 유전자 보유자와 비보유자의 비율이 일정한 수치

를 유지하게 된다. 서아프리카의 어느 지역에서는 주민의 3
분의 1이 이 변이 유전자를 보유하고 있었다. 당연히 이 비
율은 말라리아의 유행 강도에 따라 달라진다. 이렇듯 호모접
합자보다 헤테로접합자의 적응도가 높은 것을 전문용어로
초우성(超優性)이라 하며, 특정 환경요인에 의해 유전자 보유
비율이 변화하는 도태 형식을 빈도의존성 도태(頻度依存性 淘
汰)라고 한다.

흥미롭게도 이 변이 유전자는 반투족이 서아프리카에 농
업을 도입해 말라리아가 큰 문제로 불거지기 전에 생겨난
것으로 보인다. 유해하기만 했던 돌연변이가 악성 말라리아
의 고강도 유행이라는 환경 변화에 의해 높은 적응력을 갖
게 된 것이다.

자연은 목적 없이 일어나는 변이를 선택함으로써 진화에
방향성을 준다. 이 선택의 방향을 정하는 건 환경에 의한 도
태다. 그 결과 생물은 환경에 적합한 생태나 기능을 갖게(즉,
적응하게) 된다. 한편 그런 적응은 환경이 변화할 때 부적응이
되는 경우도 있다. 말라리아가 많이 유행하는 지역에서 변이
를 통해 이룩한 적응이 말라리아가 근절된 지역에서는 부적
응이 되는 것이다. 더 이상 말라리아가 유행하지 않게 된 미

국에서는 변이 유전자 보유자의 비율이 감소하고 있음에도 여전히 아프리카계 미국인 500명당 한 명이 낫 모양 적혈구 빈혈증으로 고생하고 있다.

낫 모양 적혈구 빈혈증과 유사한 말라리아 저항성 변이 유전자는 그 빈도에 차이는 있을지언정 구대륙에 널리 분포해 있다. 하지만 신대륙 원주민들 사이에서는 이 같은 적응의 증거를 찾아볼 수 없다. 이런 사실을 통해 콜럼버스 이전의 신대륙에는 말라리아가 존재하지 않았다고 주장하는 연구자도 있다.

투탕카멘과 낫 모양 적혈구 빈혈증

2008년 2월에 발행된 《미국 의사회지》에 실린 한 논문은 1922년 이집트 남부 룩소르에서 발굴된 왕의 무덤 속 미라에 얽힌 수수께끼가 마침내 풀렸다고 밝혔다.

이집트 고고학을 연구하는 국제팀은 약 3,500년 전에 살았던 고대 이집트의 왕 투탕카멘(신왕국 제18왕조)을 포함한 10여 구의 미라에 대해 의학 조사를 실시했다. 유전자 해석, 단층촬영을 이용한 조사를 통해 왕의 사인의 일단이 밝혀졌다. 아멘호테프 4세와 그 자매 사이에서 태어난 왕은 골절과 말라리아가 겹쳐 사망했다는 것이다.

논문에 따르면 투탕카멘 왕은 부골(腐骨 : 골수염 등으로 뼈가 썩는 현상—역주)이나 내반족(內反足 : 발이 안쪽으로 휘는 기형—역주)을 앓았으며, 이 때문에 종종 넘어지거나 발이 골절된 듯하다. 게다가 사인은 말라리아였을 가능성이 높다. 연구팀은 다른 몇 구의 미라에서 구개열(口蓋裂 : 입천장 갈림증), 내반족, 평발 등의 질환을 발견했으며, 왕을 포함한 네 구의 미라에서는 말라리아 원충의 유전자 흔적도 찾아냈다. 또 왕이 무혈관성 뼈 괴사로 고생했다는 사실도 알아냈다.

연구 내용을 보도한 기자 중 한 사람은 "왕족의 권력과 부를 갖고서도 그들은 부실한 건강과 신체적 장애를 피할 수 없었다. 그 점이 인상 깊다"고 말했다(《카이로 시사》).

독일의 베른하르트 노흐 열대의학연구소 팀이 그 뒤 발뼈를 자세히 조사했다. 그 결과 왕에게서 낫 모양 적혈구 빈혈증의 흔적이 발견됐다. 연구팀은 왕의 사인이 말라리아가 아니라 낫 모양 적혈구 빈혈증이었을지도 모른다고 했다.

그림 5-3. 투탕카멘과 그 아내 안케세나멘(왼쪽) 그림 5-4. 왕의 묘에서 발견된 투탕카멘의 미라(오른쪽) 안케세나멘은 투탕카멘의 이복누이이기도 하다. 이집트 왕조에서는 오랜 시간 근친혼이 반복됐기 때문에 유전적 질환을 겪는 왕족이 많았다. 투탕카멘의 미라를 조사한 결과 그는 다리가 골절된 상태에서 말라리아로 18세 나이에 사망했다는 사실이 밝혀졌다.

제6장

완전히 새로운
바이러스들의
습격

1. 모습을 감춘 바이러스

미스터리를 남긴 채 사라진 감염병에서
우리는 어떤 메시지를 읽어내야 할까?

갑자기 나타났다 사라지다

역사를 되돌아보면 갑자기 유행했다가 수수께끼처럼 사라
져버린 감염병이 있다. 15세기 후반부터 16세기 중반에 걸
쳐 유럽 전역에서 유행한 좁쌀열(粟粒熱). 제2차 세계대전 전
야에 출현해 1940년대부터 1950년대에 걸쳐 유럽의 중부
와 동부를 중심으로 유행한 신생아 치사성 폐렴. 1950년대
후반에 동아시아 나라들에서 갑자기 유행하다 사라진 오니
옹니옹열(o'nyong-nyong fever). 제2차 세계대전 뒤 일본에 나
타난 이질도 그런 감염병의 일례일지 모른다.

여기에서는 사라져버린 감염병의 자연사를 추적하고, 그런 감염병이 인류와 감염병의 역사 속에서 중요한 장을 구성하는지, 아니면 단순한 '각주'에 지나지 않는지를 고찰해보려 한다.

좁쌀열

좁쌀열은 15세기 영국에서 유행하기 시작해 이윽고 유럽 전역으로 번진 원인 불명의 감염병이다. 병원성이 높고 증상이 급격해서 환자가 몇 시간 만에 죽음에 이르기도 했다.

최초의 유행 시점은 1485년 8월 7일 이후부터 8월 22일 이전으로 추정된다. 8월 22일은 장미전쟁(1455~1485 : 붉은 장미와 흰 장미를 각자의 상징으로 삼은 잉글랜드 랭커스터 왕가와 요크 왕가의 왕위 쟁탈 전쟁-역주)의 전환점이 된 '보즈워스 전투(Battle of Bosworth Field)'가 벌어진 날이기에 많은 사람들의 기억에 남아 있다. 이 보즈워스 전투에서 승리한 헨리 7세의 개선과 함께 좁쌀열이 런던에서 유행하기 시작했다.

기록에 따르면 증상은 갑작스런 오한과 현기증에 두통, 전신 권태감으로 시작된다. 관절의 격통이 계속되고 오한 뒤에는 발열, 그리고 병의 특징이기도 한 발한(發汗)이 나타난

그림 6-1. 보즈워스 전투를 묘사한 19세기 그림 이 전투에서 승리한 헨리 7세의 당당한 개선
과 함께 좁쌀열은 런던 전역으로 급속히 퍼져나갔다.

다. 중증의 경우, 발한 뒤 기력이 소모되고 허약 상태에 빠져
의식불명이 됐다가 사망에 이른 예도 있다.

두 번째 유행은 1507년에, 세 번째 유행은 1517년에 일
어났다. 유행은 모두 잉글랜드에서만 일어났다.

1528년에 시작된 네 번째 유행은 역대 최대 규모였다. 유
행은 5월에 런던에서 시작됐다. 다수의 사망자가 나왔다. 국
왕 헨리 8세는 런던을 탈출해 각지를 전전했다. 여름이 되자

좁쌀열은 유럽 전역에서 돌발적으로 유행하기 시작했다. 함부르크에서 유행했을 때는 몇 주 만에 1,000명 이상이 사망했다. 그 뒤 덴마크, 스웨덴, 노르웨이, 리투아니아, 폴란드, 러시아로 유행이 퍼져나갔다.

각지에서 큰 피해를 낸 좁쌀열은 단기간에 유행이 끝났다. 보통 2주일 넘게 유행이 지속된 경우는 없었다. 그해 말에는 병이 유럽 전체에서 자취를 감췄다. 이후 이 질병이 유럽에서 유행한 사례는 없다. 유행의 진원지였던 잉글랜드에서는 1551년에도 유행이 확인됐지만 그것이 최후의 유행이었다. 1551년을 마지막으로 이 질병은 지상에서 모습을 감췄다. 한타바이러스(hantavirus) 심폐증후군이었을 가능성도 제기됐지만, 정확한 원인은 밝혀지지 않았다.

신생아 치사성 폐렴

전신성 사이토메갈로바이러스(cytomegalovirus) 감염과 합병 증세를 일으키는 카리니 폐렴(carinii pneumonia)이 유럽 곳곳에서 어린아이들을 덮쳤다. 카리니 폐렴은 진균의 일종(폐포자충)에 의해 유발되는 감염병인데, 가래 없는 건성 기침이 특징이다. 사이토메갈로바이러스는 통상 유아기와 소아기에 감염돼 숙주에 잠복하는데, 전신성 감염을 일으키면 망막염, 장염, 뇌염 등을 일으킬 수 있다. 어느 것이든 정상적인 면역력을 갖고 있을 경우엔 잘 발병하지 않기 때문에 보통은 모종의 원인으로 면역력이 억제돼 있을 경우에만 발병한다.

유행은 제2차 세계대전 전야에 시작됐고, 그 뒤 20년 정도 지속됐다. 최초의 유행은 1939년, 당시 독일령이던 발트해의 항구 단치히(Danzig, 지금의 폴란드 그다니스크)에서 보고됐다. 그 뒤 유행은 동유럽, 북유럽으로 확대됐다. 그러나 1950년대 중반에 이르러 유행은 산발적인 것으로 바뀌었고, 1960년대 초에 사라졌다. 이 폐렴에 의한 신생아 사망은 체코슬로바키아에서만 5년간 500명이 넘었다.

1955년, 네덜란드 남부 마을 하렌(Haaren)에서 다시 유행이 시작됐다. 당시 네덜란드에서는 카리니 폐렴이 산발적으로밖에 유행하지 않았다. 하지만 하렌의 경우, 그해 6월부터 이듬해 7월까지 여든한 명의 신생아가 입원 중에 카리니 폐렴을 일으켜 그중 스물네 명이 사망했다. 환자는 모두 어느 조산부(助産婦) 연수 병원에 있는 한 병동에서 발생했다. 그 병동에서는 조산(早産) 등의 문제를 지닌 신생아가 어머니로부터 격리돼 치료를 받고 있었다. 열일곱 개의 작은 방에는 늘 마흔 명 남짓의 신생아들이 입원해 있었다. 하나의 침대에 네 명의 아이들이 누워 있는 광경도 드물지 않았다.

총 여든한 명의 신생아가 감염된 사건에 대해 전수조사가 이뤄졌다. 질병의 징후가 처음 나타난 것은 빠른 경우 생후 55일, 늦으면 100일이었다. 카리니 폐렴의 평균 잠복 기간은 약 1개월로 추정된다. 또 유유아(乳幼兒) 시기에 카리니 원충이 체내로 들어오는 경우가 많았다. 이런 사실에서 유추해보면, 하렌의 신생아들은 출산 또는 그 직후에 모종의 이유로 면역 기능이 떨어져 카리니 폐렴에 감염됐을 가능성이 높았다.

다양한 각도에서 원인이 모색됐다. 충격적인 것은 환자들에게서 고글로불린(高globulin) 혈증이 발견됐다는 사실이다. 고글로불린 혈증은 피 속에 다량의 항체가 있음을 시사한다. 이것은 오늘날 소아 에이즈의 지표 가운데 하나로 활용된다. 카리니 폐렴의 치사율은 해마다 달랐지만 평균 몇 퍼센트 정도였다. 문제의 병동은 1958년 7월, 최후의 신생아가 퇴원한 것을 계기로 폐쇄됐다.

이 유행을 HIV(에이즈 바이러스)의 프로토타입(prototype, 원형)

바이러스가 일으킨 것이라고 생각하는 연구자들도 있다. 당시 병에서 회복된 신생아가 많았고, 이후 에이즈의 치사율은 95퍼센트를 넘게 되니 그들의 추측이 맞다면 HIV는 그 사이에 회복 가능한 바이러스에서 거의 회복이 불가능한 바이러스로 변이된 셈이다.

HIV는 사람의 레트로바이러스[retrovirus, 유전자 RNA와 역전사효소(逆轉寫酵素)를 지닌 바이러스]다. 레트로바이러스에 의한 감염에서 숙주가 완전히 회복되는 사례로는 소에게 감염되는 젬브라나병(Jembrana disease) 바이러스를 들 수 있다(젬브라나병 바이러스는 소의 레트로바이러스). 젬브라나병은 1964년 인도네시아 발리섬에서 발견된 소의 질병이다. 급성 증세를 보이면서 신장이나 림프샘에 심각한 증상을 야기하는데, 치사율은 15~20퍼센트이다. 그러나 죽음을 면한 소는 병에서 완전히 회복된다.

아시아에 서식하는 원숭이들 사이에서 유행한 레트로바이러스가 6세대째 감염에서 바이러스로서의 성격을 변화시킨 사례도 있다. 그렇다면 HIV의 변이 가설은 한번쯤 검토해볼 만한 가치가 있는 주장인지도 모른다.

오니옹니옹열

오니옹니옹열은 발열, 발진, 관절염, 림프샘 종양 등을 주 증상으로 하는 질병이다. '오니옹니옹'이란 동아프리카 말로 '약한 관절'이라는 뜻이다. 풍진(風疹) 바이러스와 근연 관계인 토가바이러스과(togaviridae)에 속하는 바이러스가 일으키는 병이다.

지금까지 두 번 유행한 것으로 알려져 있는데, 첫 번째 유행 때는 1959~1962년 동안 동아프리카의 여러 나라가 피해를 입었다. 유행은 우간다 북부에서 시작돼 케냐, 탄자니아로 번졌다. 200만 명이 감염된 것으로 추정된다. 두 번째 유행은 1996년부터 1997년에 걸쳐 일어났다. 이 두 번째 유행 역시 우간다에서 시작됐다. 이 유행은 약 400만 명으로 추정되는 감염자를 남기고 홀연히 사라졌다.

두 번의 유행 사이에는 35년이라는 시차가 있다. 오니옹니옹열이 이대로 역사 속으로 사라져버린 것인지, 아니면 다시 모습을 나타낼 것인지는 현재로선 아무도 알 수 없다.

성인 T세포 백혈병

성인 T세포 백혈병 바이러스는, 비록 완전히 사라진 것은 아니지만 특정 지역에서 자취를 감추려 하고 있다. 성인 T세포 백혈병 바이러스는 인간에게서 처음 발견된 레트로바이러스다. 사람에게만 감염된다. 감염자의 약 5퍼센트가 생애 중에 백혈병에 걸리는데, 평균 잠복 기간은 50년이 넘는다. 감염경로로는 모자감염(母子感染), 성적 접촉에 의한 감염, 혈액 감염이 있으며, 이 중 모자감염이 주된 감염경로다. 어머니에게서 아이에게로 대대로 전달되는 바이러스의 성질을 이용해 인류학적 연구가 이뤄지기도 했다.

우리 연구실에서는 야에야마(八重山) 제도, 오키나와, 아마미(奄美) 제도, 고토(五島), 히라도(平戸), 쓰시마(対馬), 오키(隠岐), 기타 규슈 각 지역, 이와테현, 홋카이도 등에서 분리해낸 바이러스의 계통 관계를 조사한 바 있다. 그 결과는 이 바이러스가 야요이(弥生) 시대 이전에 일본 열도로 유입돼 1만 년 이상 일본인과 함께해왔음을 시사하고 있었다.

감염은 남서 규슈와 오키나와에서 많이 발견되는데, 그 외에도 태평양 쪽에서는 기이반도(紀伊半島) 남단, 도호쿠(東北) 지방의 이시노마키(石巻) 및 산리쿠(三陸) 지역, 동해 쪽에서는 고토, 쓰시마, 이키(壱岐), 오키, 야마가타현 앞바다의 도비시마(飛島), 아키타현 기사카타(象潟) 지방, 홋카이도의 원주

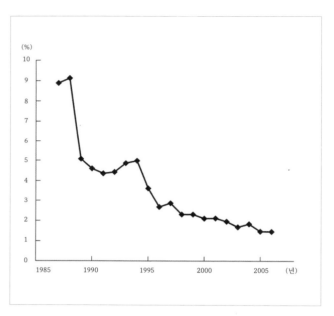

그림 6-2. 나가사키현 임산부들의 HTLV-1 감염 양성 비율의 변화 추세

민들에게서 거듭 발견된다. 이 분포는 고대부터 이 바이러스를 갖고 있던 왜인(倭人)과 새로 건너온 바이러스 없는 집단이 뒤섞여 지금의 일본인이 형성됐다는, 일본인의 형성 과정을 보여주는 것으로 해석된다.

그런데 오늘날 이 지역들에서 급속하게 바이러스가 소멸

해가고 있다(그림 6-2). 성인 T세포 백혈병 바이러스가 빈번하게 유행하는 지역인 나가사키현에서 실시한 조사에 따르면, 1987년에 약 9퍼센트였던 항체 보유자 비율이 20년 정도 뒤인 2005년에는 약 1.5퍼센트로 내려갔다. 지금의 감소 경향을 토대로 시산해보면, 앞으로 2세대 뒤엔 항체 보유자가 0.1퍼센트로 떨어지고, 몇 세대 뒤에는 거의 소멸하게 된다.

성인 T세포 백혈병 바이러스는 유전자의 변이가 적은 바이러스다. 우리 연구실의 실험 결과도 이를 뒷받침하고 있다. 그렇다면 항체 보유자의 비율이 낮아진 것은 바이러스 자체의 변화보다는 사람들이 영위하는 삶의 양태가 바뀌었기 때문일 가능성이 높다고 봐야 한다. 앞으로 이 바이러스는 정말로 사라지는 걸까?

2. 새로 출현한 바이러스

21세기 인류의 역사는
코로나19 유행 이전과 이후로 나뉜다
이견은 없다

사라진 감염병이 있는가 하면 새롭게 출현한 감염병도 있다. 베트남전쟁이 종결된 1970년대 중반부터 신규 병원체에 의한 새로운 감염병이 차례차례 보고됐다.

1976년에 수단 남부 마을 은자라(Nzara) 및 자이르 북부 마을 얌부쿠(Yambuku)에서 유행한 에볼라 출혈열(ebola hemorrhagic fever, EHF). 1980년대에 그 존재가 알려진 에이즈. 2003년 봄부터 여름에 걸쳐 유행한 사스. 그 밖에도 마르부르크열(marburg hemorrhagic fever, 독일, 1967년), 라싸열(lassa fever, 나이지리아, 1969년), 라임병(lyme disease 또는 lyme borreliosis,

미국 코네티컷주, 1975년), **재향군인병**(legionnaires' disease, 미국 필라델피아, 1976년) 등이 있다.

에볼라 출혈열

로리 개릿(Laurie Garrett, 1951~)은 저서 《커밍 플레이그(Coming Plague)》에서 에볼라 출혈열의 출현 당시 상황을 기록했다.

1976년 6월 말, 수단 남부 마을 은자라에서 원인 불명의 병으로 많은 주민이 사망했다. 솜 공장에서 창고지기를 하던 남자가 최초로 발병한 뒤 차례차례 감염이 퍼졌다.

2개월 뒤인 1976년 8월, 자이르 북부 마을 얌부쿠에 위치한 교회 병원에서 치사성 출혈열이 유행했다. 발열을 호소하며 병원에서 진료를 받은 남자 교사 마바로 로케라(44세)가 첫 환자였다. 의사는 말라리아를 의심해 항말라리아 약을 주사했다. 의사는 같은 주사기를 다른 아홉 명의 말라리아 의심 환자들에게도 사용했다.

로케라가 위독 상태에 빠진 것은 그로부터 열흘 뒤였다. 구토와 설사로 심한 탈수증상을 보였고 생기를 잃은 눈은 움푹 파였다. 코에서도 잇몸에서도 피가 나왔다. 로케라는 그로부터 3일 뒤 사망했다. 유족들은 전통에 따라 그의 유체를 씻긴 뒤 장례를 치렀다.

그 뒤 로케라와 같은 주사기를 쓴 아홉 명도 발병했다. 일주일 뒤에는 가족과 친구들이 로케라와 같은 증상으로 쓰러졌다. 이윽고 유행은 주민들 사이로 퍼져갔다. 병원은 폐쇄됐고, 군인들이 그 지역을 봉쇄했다. 결국 300명 이상이 감염됐고 280명이 사망했다.

출혈성 증상이나 높은 치사율은 은자라에서 유행한 질병과 비슷했다. 이 정보는 제네바에 본부를 둔 WHO에 보고됐다. 경보가 울려 퍼진 건 한순간이었다.

연구자들이 일제히 원인 규명에 뛰어들었다. 3개월 뒤 새로운 바이러스가 발견됐고, 얌부쿠 근처를 흐르는 작은 강의 이름을 따서 '에볼라'라 명명됐다. 그러나 수수께끼는 남아 있었다. 에볼라는 도대체 어디에서 온 것일까?

가축과 야생동물을 조사한 연구자들은 침팬지나 고릴라 등의 고등 영장류와 앤털로프와 박쥐가 에볼라에 감염된다는 사실을 알아냈다. 병은 고릴라나 원숭이에게 치명적이었지만 박쥐에게서는 특별한 증상이 나타나지 않았다. 이 때문에 박쥐가 자연 숙주라고 생각하는 연구자도 있었다. 하지만 확실하게 박쥐로 특정되지는 못했다.

그림 6-3. 자이르(콩고민주공화국) 북부 붐바 지구 우방기강과 콩고강 사이로 열대우림이 펼쳐져 있다.

콩고공화국 롯시(Lossi) 보호구역 서부에 서식하던 5,000 마리 이상의 고릴라들이 2005년까지 5년 동안 에볼라 출혈열로 거의 전멸하다시피 했다(막스플랑크 연구소). 콩고에서는 2001년 이후 국경 부근의 주민들 사이에 에볼라 출혈열이 유행했다. 이 시기에 주변 숲에 살던 고릴라도 큰 피해를 입었다. 에볼라 유행 이전에는 1제곱킬로미터당 약 두 마리씩 살았던 고릴라가 더 이상 관찰되지 않았고, 개체 식별이 가능했던 143마리의 고릴라 중에 130마리가 에볼라 출혈열로 사망했다고 한다.

에볼라 바이러스는 에볼라 자이르, 에볼라 수단, 에볼라 코트디부아르, 에볼라 레스턴(Ebola Reston) 등 네 개의 아종 (亞種)이 알려져 있다.

사람에 대한 에볼라 바이러스의 병원성은 각기 다르다. 앞의 세 개 아종은 사람을 포함한 영장류에게 출혈열을 일으킨다. 치사율은 에볼라 자이르가 가장 높아 90퍼센트가 넘는다. 한편 에볼라 레스턴은 현시점까지 사람에게 병을 일으켰다는 보고가 없다.

에볼라 출혈열은 1976년 처음 보고된 이래 자이르, 수단, 코트디부아르, 가봉, 우간다 등의 나라에서 유행했다. 총계 약 1,800명이 감염돼 약 1,200명이 사망했다. 바이러스 아종은 각기 다른 유행 양상을 보이고 있으며, 각 유행들 간의 역학적 관련성은 확인되지 않았다. 에볼라 출혈열이 산발적인 유행으로 끝날 것인지, 결국 인간이라는 종에 적응하게 될 것인지, 그때 에볼라의 높은 치사성은 어떻게 바뀔 것인지 등의 질문에는, 현재로선 아무도 답할 수 없다.

사스

2003년 3월 14일 발행된 전문지 《주간 역학(疫學) 정보》에 중국, 홍콩 및 베트남에서 발생한 급성호흡기증후군에 관한 논문이 실렸다. 2월 중순 이후 비정형 폐렴이 광둥성, 홍콩 및 베트남의 수도 하노이에서 유행하고 있고, 세균 외의 병원체가 의심된다는 보고였다.

일본과 미국에서 원인 규명을 위한 연구가 시작됐다. 유행과의 연관성이 의심되는 증상들에 대해서는 격리조치를 취하라는 권고가 내려졌다. 그러나 이미 그 시점에서 사스의 유행은 광범하게 진행된 상태였다. 유행의 경위는 다음과 같았다.

2003년 2월 14일, WHO는 중국 남부 광둥성에서 2002년 11월 16일부터 2003년 2월 9일 사이에 305명의 폐렴 환자가 발생해 다섯 명이 사망했다는 짤막한 소식을 전했다. 동시에 중국 정부에서도 원인은 알 수 없지만 탄저(炭疽), 폐페스트, 렙토스피라증, 출혈열 등의 가능성을 부정할 수 없다고 발표했다. 2주일 뒤 중국 정부는 폐렴의 원인이 클라미디아(chlamydia)였다고 발표했다.

2월 21일, 광둥성에 거주하던 65세의 신장학 교수가 아내와 함께 홍콩 메트로폴 호텔 9층에 투숙했다. 이 교수는 10일 뒤 사망했는데, 당일 그 호텔 9층에 머물던 투숙객 중 적어도 열두 명이 감염됐다. 감염자들은 각기 홍콩의 공동주택에 사는 가족을 방문하거나 베트남, 혹은 캐나다로 날아간 뒤에 폐렴이 발병했다.

2월 28일, WHO의 감염병 전문관 카를로 우르바니(Carlo Urbani, 1956~2003)가 WHO 서태평양 사무국에 "하노이의 프랑스 병원에서 정체불명의 질병이 발생했다. 증상은 중증의 폐렴. 병원 관계자도 감염됐다. 최초 발병자는 2월 26일에 입원한 중국계 미국인"이라고 보고했다. 3월 13일, 이 중국계 미국인은 사망했다.

3월 11일, 우르바니가 회의에 참석하기 위해 방콕으로 향했다. 우르바니는 도착 뒤 몸 상태가 좋지 않다고 했고, 3월 29일 사망했다.

3월 15일, 새 환자가 싱가포르와 캐나다에서 보고됐다. WHO 사무국장 그로 할렘 브룬틀란(Gro Harlem Brundtland,

1939~)은 전 세계에 경고를 보냈다.

3월 17일, 세계 9개국, 11개 연구소에서 연구자들이 소집 돼 병원체를 찾기 위한 기관 간 협력 체제를 만들었다.

3월 24일, 미국 질병관리센터 및 홍콩의 연구자들이 신형 코로나바이러스를 환자로부터 분리해냈다고 보고했다.

강력한 격리 대책이 실시됐다. 싱가포르에서는 환자와 접 촉한 사람에게 자택 대기 명령이 떨어졌고, 웹 카메라가 설 치돼 위반 여부를 감시했다. 홍콩에서는 공동주택 아모이 가 든이 통째로 격리됐다. WHO는 긴급한 경우를 제외하고는 토론토로 가지 말 것을 권고했다.

7월, 약 8,000명의 감염자와 700명 이상의 사망자를 내 고 유행은 끝났다. 이 바이러스의 기원을 밝히기 위해 야생 동물에 대한 조사가 이뤄졌다. 흰코사향고양이, 너구리, 중 국 오소리 등에서 유사한 신형 코로나바이러스가 검출됐다. 박쥐가 자연 숙주일 가능성도 제기됐다.

사스를 일으킨 바이러스는 영원히 사라진 것일까? 아니면 자연계의 어딘가에서 깊은 잠에 빠져 있는 것뿐일까? 이야 기가 끝난 것인지, 다음 무대의 막이 오르기를 기다리고 있 는 것인지, 지금으로서는 아무도 모른다.

슈퍼 전파자

사스가 유행하면서 슈퍼 전파자(super spreader)의 존재가 논란이 됐다. 슈퍼 전파자란 많은 사람에게 병원체를 뿌리고 다니는 감염자를 가리킨다.

대부분의 경우, 사스 환자는 많아야 세 명 정도에게 바이러스를 퍼뜨렸다. 그러나 환자 중에는 열 명 이상에게, 많게는 수십 명에게 바이러스를 옮긴 사람도 있었다. 홍콩 메트로폴 호텔에 숙박하면서 적어도 열두 명을 감염시킨 광둥성 출신의 신장학 교수나 WHO의 감염병 전문관 우르바니가 최초 발병자라고 보고한 중국계 미국인, 그리고 메트로폴 호텔에서 캐나다나 베트남으로 날아가 그곳에서 병을 유행시킨 사람들이 병원체 슈퍼 전파자였다.

병원체가 증식하기 쉬운 체질을 갖고 있거나 다수의 병원체를 보유하고 있어서 타인을 여럿 감염시킨 사람도 있겠지만, 많은 경우 행동 범위나 교우 관계가 넓은 사람들이 슈퍼 전파자가 됐다. 슈퍼 전파자가 없었다면 그 정도로 광범위한 유행은 없었을지도 모른다.

신장학 교수나 중국계 미국인, 메트로폴 호텔은 네트워크의 중심에서 다수의 노드(node : 연결망 내의 종점이나 분기점을 가

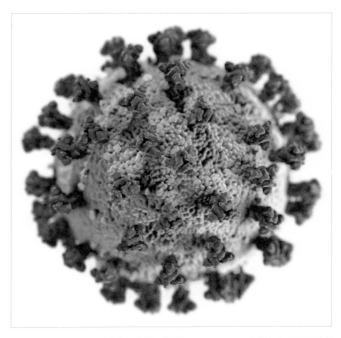

그림 6-4. SARS-CoV-2 바이러스 입자를 재현한 CG SARS-CoV-2 바이러스는 2020년에 전 세계적인 코로나19 유행을 불러왔다. 21세기 인류의 역사는 코로나19 유행 이전과 이후로 나뉜다고 해도 과언이 아니다.

리키는 말-역주)와 연결된 '허브(hub)'로서 기능했다. 현실 세계의 많은 것들이 허브를 지닌 네트워크로 구성돼 있다. 그러한 특성을 지닌 네트워크를 스케일 프리 네트워크(scale-free network)라 부르는데, 무작위적 링크로 구성되는 네트워크(랜덤 네트워크)와 구별된다.

스케일 프리 네트워크의 특성 중 하나로 네트워크 장애에 대한 강한 내성을 들 수 있다. 네트워크 전체의 5퍼센트가 기능하지 못한다 해도 대체 가능한 경로가 존재하는 한 나머지 네트워크는 거의 변화 없이 유지될 수 있다(계 전체의 평균 최단거리는 거의 변화하지 않는다). 그러나 특정한 주요 허브가 장애를 받으면 네트워크 전체가 기능 부전에 빠진다.

이런 네트워크의 대표적인 예가 먹이사슬과 인터넷이다. 먹이사슬은 무작위적인 생물종의 절멸에는 큰 영향을 받지 않지만, 특정한 주요 종(키스톤 종)의 절멸에는 취약하다.

사스의 유행은 스케일 프리 네트워크에 의한 유행이었던 것으로 보인다. 이는 감염병의 유행을 이해하려면 사람들이 어떻게 접촉하고 교류하는지를 아는 것이 중요하다는 의미다.

예방접종이 일반적이지 않았던 시절, 서유럽에서 홍역은 가을에 학교가 시작되고 몇 주 뒤에 유행하는 경우가 많았다. 여름방학 동안 떨어져 지내던 아이들이 다시 열린 학교에 모여들면서 접촉 빈도가 높아진 것이 그 원인 중 하나였다.

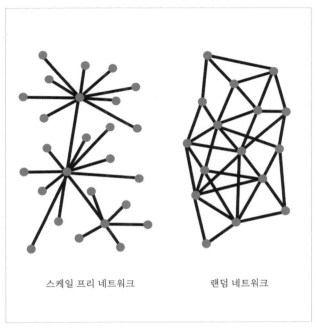

스케일 프리 네트워크　　　　　　　랜덤 네트워크

그림 6-5. 네트워크 모형도 스케일 프리 네트워크는 랜덤 네트워크와 달리 특정 허브의 유무가 네트워크의 성패에 커다란 영향을 끼친다.

상기도(上気道 : 숨 쉬는 통로에서 기관지, 후두, 인두, 비강 부분-역주) 감염병이 겨울에 많은 이유에 대해서도 논란이 계속돼왔다. 겨울철의 낮은 습도가 상기도 점막 표면을 손상시키기 때문에 감염되기 쉬워진다는 이도 있었고, 추운 시기에 사람들이 실내에서 어깨를 움츠리며 생활하는(즉, 물리적 거리가 줄어드는) 것이 원인이라는 이도 있었다. 어느 쪽이든 사람들의 생활양식이나 사회구조가 감염병의 유행을 규정하는 큰 요인이라는 점은 분명하다고 할 수 있다.

3. 바이러스는 어디로 갔나?

언젠가 우리는 에이즈나 코로나19와
공생하는 단계까지 나아갈지 모른다

감염병은 사라진 것일까? 모습을 감춘 바이러스는 어디로
간 것일까? 여기에서는 바이러스가 사람에게 적응하는 과정
을 통해 이 질문들에 대해 생각해보고자 한다.

바이러스가 인간에게 적응하는 단계

바이러스가 인간에게 적응하는 과정은 명확하게 구분된 것
이 아니지만, 여기에서는 편의적으로 5단계로 나눠 생각해
보기로 하자(그림 6-6).

　적응의 제1단계는 적응 준비 단계이다. 감염병은 가축 또

	설명	대표 사례
제1단계	적응 준비 단계. 가축이나 짐승이 할 퀴거나 물어서 생긴 상처를 통해 직접 감염되는데, 사람에서 사람으로 감염되진 않는다.	- 렙토스피라증 - 고양이 할큄병
제2단계	적응 초기 단계. 사람에서 사람으로 감염된다. 다만 감염 효율이 낮기 때문에 얼마 있지 않아 유행은 끝난다.	- 좁쌀열(15세기, 16세기 잉글랜드) - 신형 렙토스피라증(제2차 세계대전 중의 미국) - 오니옹니옹열(1959, 1996년 동아프리카) - 카리니 폐렴(제2차 세계대전 직전~1960년대 전반 유럽 중부와 동부) - 사스(2003년 중국, 홍콩, 캐나다)
제3단계	적응 후기 단계. 사람에 대한 적응을 끝내고 정기적인 유행을 일으킨다.	- 라싸열(1969년 이후 나이지리아 등) - 라임병(1975년 이후 미국) - 에볼라 출혈열(1976년 이후 수단, 자이르, 가봉, 우간다, 코트디부아르)
제4단계	적응 단계. 이제 사람들 속에서만 존재할 수 있다.	- 천연두 - 홍역 - 에이즈
최종 단계	과잉 적응 단계. 사람이라는 종으로부터 소멸해간다.	- 성인 T세포 백혈병

그림 6-6. 바이러스가 사람에게 적응하는 단계

는 짐승이 할퀴거나 물어서 생긴 상처를 통해 직접 감염되는데, 사람에게서 사람으로의 감염은 일어나지 않는다. 감염은 단발적인 발생만으로 끝난다. 개가 옮기는 렙토스피라증이나 고양이 할큄병 등이 알려져 있다. 단위면적당 생물종이 많고, 수렵 등을 통해 야생동물과 물리적으로 접촉할 기회가 많은 열대 지역 등에서는 자기도 모르게 감염됐다가 치유되거나, 혹은 발병해서 아예 사망하는 예가 과거부터 오늘날까지 상당수 있었을 것으로 보인다.

적응의 제2단계는 적응 초기 단계라 할 수 있는 단계로, 사람에서 사람으로 감염이 일어난다. 다만 이 단계는 적응 초기 단계에 지나지 않아 감염 효율이 낮고, 이 때문에 얼마 지나지 않아 유행이 끝난다. 제2차 세계대전 중에 미국에서 갑자기 유행했다가 소멸한 신형 렙토스피라증, 제2차 세계대전 직전부터 1960년대 전반(前半)에 걸쳐 유럽 중부와 동부를 중심으로 유행한 카리니 폐렴 등은 이 단계의 감염병일 것이다. 이 단계에 있는 감염병도 슈퍼 전파자 등이 존재한다면 일시적으로 광범위하게 유행할 수 있다. 2003년에 중국, 홍콩, 캐나다를 중심으로 유행한 사스가 그런 예였을지 모른다.

적응의 제3단계는 적응 후기 단계라 할 수 있는데, 이 시점부터 바이러스는 사람에 대한 적응을 마치고 정기적으로 유행을 일으킨다. 에볼라 출혈열 등이 대표적이다. 15세기부터 16세기에 걸쳐 잉글랜드를 중심으로 유행한 좁쌀열이나 1959년에 동아프리카에서 유행한 오니옹니옹열 등은 몇 차례의 유행을 일으킨 뒤 소멸했다. 이 두 질병은 적응의 제2단계와 제3단계의 중간에 존재했을 가능성도 있다.

적응의 제4단계는 완전히 사람에게 적응했기 때문에 이제는 사람 속에서밖에 존재할 수 없는 감염병이다. 에이즈나 홍역, 근절 계획으로 지구상에서 사라진 천연두 등이 이 단계의 감염병이다. 한편 제2차 세계대전 전야부터 1960년대 전반에 걸쳐 유럽 중부와 동부에서 유행한, 전신성 사이토메갈로바이러스 감염과 합병 증세를 일으키는 카리니 폐렴이 HIV의 프로토타입(원형) 바이러스에 의해 유발된 것이라면, 적응의 제3단계에서 제4단계로 이행하는 과도기의 감염병이었다고 할 수 있을지 모른다.

적응의 최종 단계는 과잉 적응 단계이다. 바이러스가 사람이라는 종에 과도하게 적응한 나머지, 사람을 둘러싼 환경이나 생활에 변화가 생길 경우 적응을 하지 못하는 단계이다. 의학적 또는 공중위생학적 개입이 없더라도 바이러스는 인간사회에서 소멸해간다. 물론 바이러스가 소멸하기까지 수 세대에서 수십 세대라는 긴 시간이 필요한 경우도 있다. 일본의 성인 T세포 백혈병 바이러스 등은 이 단계에 있는 바이러스로 보인다.

현존하는 감염병은 생물학적 시간 축 속에서 새로 출현한 감염병과, 사회에서 사라져가는 감염병의 동적 평형상태를 '지금'이라는 시간으로 잘라낸 것이라 할 수 있다. 이것은 한편으로, 감염병의 종류나 구성이 시대나 사회와 함께 늘 변화해가는 것임을 가르쳐준다.

공석이 된 생태적 지위는 누가 차지하는가

한편 최종 단계까지 적응을 완료한 바이러스의 소멸은 또 다른 문제를 야기할 가능성이 있다. 바이러스가 소멸한 뒤 그 생태적 지위를 채우기 위해 새로운 바이러스가 출현할 수 있기 때문이다.

성인 T세포 백혈병 바이러스는 감염자 중 100명에 5명꼴로 백혈병을 일으킨다. 평균 잠복 기간이 50~60년이기 때문이다. 만일 이 잠복 기간이 100년이라면 어떻게 될까. 바이러스와 사람은 완전히 공생할 수 있을지도 모른다. 그럴 가능성을 간직한 바이러스가 소멸한다는 것은 어떤 의미에서 인류에게 커다란 손실이 될지도 모른다. 질병을 일으키지 않는 바이러스는 새로운 바이러스가 인간 사회로 침입할 때

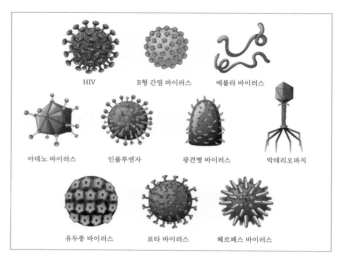

그림 6-7. 다양한 바이러스의 형태 인류와 바이러스는 매우 오랜 시간 동안 공생의 길을 모색하며 진화해왔다. 우리의 '꼬마RNA'는 외부 바이러스의 공격을 억제하는데, 그 설계도가 대부분 바이러스 그 자체이다. 바이러스가 인간 유전체와 공존하며 세대를 거쳐 대물림되고 있다는 뜻이다.

방파제가 되어줄지도 모르기 때문이다.

에이즈와 관련해서도 비슷한 얘기를 할 수 있다. 에이즈는 HIV가 유발하는 감염병이다. 감염은 주로 혈액 감염, 성적 접촉에 의한 감염, 모자감염을 매개로 일어난다. 주요 증상은 면역계의 기능 부전으로 인해 일어나는 악성 종양이나 기회감염병이다. 현시점에서 감염자의 발병률은 90퍼센트가 넘고, 한번 발병하면 치사율도 95퍼센트를 웃돈다. 치료하지 않으면 감염된 지 평균 약 10년 뒤 에이즈에 걸리고 그 뒤 몇 년 안에 사망한다.

만일 HIV의 잠복 기간이 20년이라고 한다면, 또는 30년, 50년, 100년이라고 한다면, 대부분의 사람들은 HIV에 감염됐다 하더라도 에이즈를 앓지 않을 것이다. 다만 감염돼 있을 뿐인 것이다. 한편 HIV가 점하는 생태적 지위는 다른 바이러스의 침입을 막는 방파제가 될 것이다. 그때 우리는 어쩌면 HIV와의 공생에 감사하게 될지도 모른다.

공생으로 가는 길

홍역과 결핵의 수수께끼

서문에서 얘기했던 홍역의 수수께끼를 돌이켜보자.

도시가 출현하고 홍역이 정기적으로 유행하게 된 국가나 지역에서는 시간이 흐름에 따라 홍역의 사망률이 낮아졌다. 그런데 인구 규모가 작아서 몇 십 년에 한 번 돌발적인 유행을 일으킨 장소—구체적으로는 극지의 마을이나 바다의 섬들—에서는 홍역이 여전히 높은 사망률을 나타냈다. 사망률의 저하는 근대 의학이 도입되기 이전에 일어났다.

결핵 또한 근대 의학 도입 이전에 사망률이 감소하기 시작한 질병이다.

　산업혁명을 거쳐 공업 도시가 등장하자 결핵은 19세기 유럽 최대의 감염병이 됐다. 오염된 대기, 밀집된 도시 생활, 환기가 되지 않는 공장에서의 장시간 노동은 결핵이 유행할 토양을 제공했다. 독일 작가 토마스 만(Thomas Mann, 1875~1955)은 대표작 《마의 산》에서 1900년대 초의 알프스 결핵 요양소를 무대로 인간의 삶과 죽음을 그렸다.

　그림 1은 1910년 이후의 결핵 사망자 수를 보여준다. 실제로 지난 150년에 걸쳐 결핵 사망자 수는 일관되게 감소했다. 이러한 감소는 코흐의 결핵균 발견(1882), BCG 백신 개발(1921년에 최초로 사람에 투여), 항생물질의 등장과 도입(결핵 치료에 쓰이는 스트렙토마이신이 발견된 건 1943년) 이전부터 시작됐다. 백신이나 항생물질이 결핵으로 인한 사망자를 줄이는 데 공헌했음은 의심할 여지가 없다. 그러나 사망률의 저하 곡선을 보건대, 그런 것들의 영향은 한정적이었다. 그 밖에 감소를 유발한 요인으로는 영양 상태의 개선, 거주환경의 개선, 노동환경의 개선, 또는 이것들의 복합적 효과를 생각할 수 있다. 하지만 이들이 결핵 사망 감소에 어느 정도로 영향을 끼쳤는지에 대해서는 분명하게 밝혀져 있지 않다.

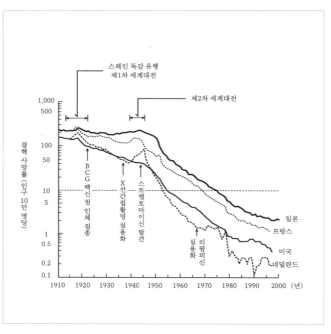

그림 1. 결핵 사망률의 연간 추이 (후생노동성 건강국 결핵감염병과 감수 : 〈결핵 통계 2004〉, 결핵예방회)

　제2장에서 얘기했듯, 결핵이 유행하기 이전인 11~14세기 유럽에서는 한센병이 유행하고 있었다. 하지만 그 다음 세기가 되자 이 질병의 유행은 서서히 사그라졌다. 당시 한센병의 원인은 불명이었고, 치료법도 확립돼 있지 않았다.

환자의 감소에 대한 몇 가지 설명이 제기됐지만, 지금도 그 원인은 수수께끼로 남아 있다.

많은 전문가들이 감염병의 병원성은 병원체에 따라 고유하게 정해져 있다고 봤다. 숙주(환자)가 지닌 저항성과의 상대적 관계에 의해 결정된다고 생각한 이도 있었다. 예컨대 건강한 사람에게는 병을 일으키지 않는 감염병이라도, 장기이식 뒤에 면역억제제를 투여 받고 있는 사람이나 후천성 면역 부전 상태에 놓인 사람에게는 종종 치명타를 가한다는 것이다.

그러나 19~20세기 동안 사망한 결핵 환자 수의 추이나 홍역의 병원성 변화는 병원체의 '병원성'이 고정된 것이 아니라, 사회의 변화나 사람들의 생활양식에 의해서도 바뀔 가능성이 있다는 것을 보여주는 게 아닐까?

인간의 행동과 병원체의 진화

인간의 행동이 선택 압력으로 작용해 병원체가 진화하는 경우도 있다. 확실히 해두기 위해 덧붙이자면, 여기에서 말하는 진화란 환경(숙주 포함)에 적응하기 위해 병원체가 그 성질을 바꾼다는 것이지 '우수한' 병원체가 된다는 게 아니다.

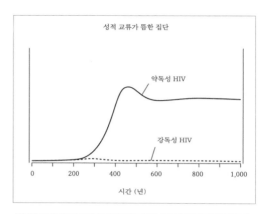

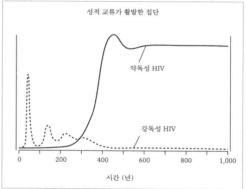

그림 2. 강독성 HIV와 약독성 HIV의 유행 시뮬레이션 문화적 환경에 따라 단기적으로 강세를 보이는 바이러스가 서로 다름을 알 수 있다. 하지만 어느 쪽이든 결국에는 약독성 바이러스가 우세해진다.

나는 단순한 수리 모델을 이용해 다음과 같은 시뮬레이션을 해본 적이 있다. 잠복 기간이 짧고 감염률 및 치사율이 높은 에이즈 바이러스(강독성 HIV)와, 잠복 기간이 길고 감염률 및 치사율이 낮은 에이즈 바이러스(약독성 HIV)가 각자 어떻게 유행하는지를 집단의 성적 교류 패턴별로 비교했다.

결과는 그림 2와 같았다. 단기적(5~100년 정도)으로 볼 경우, 성적 교류가 뜸한 집단에서는 모든 HIV가 완만하게 유행하는 가운데 상대적으로 약독성 HIV가 우세했으나, 성적 교류가 활발한 집단에서는 강독성 HIV가 우세했다. 이는 인간의 행동이 특정 바이러스의 성패를 좌우할 수 있다는 것 —강독성 바이러스의 손을 들어줄 수도 있고 약독성 바이러스의 손을 들어줄 수도 있다— 을 의미한다. 다만 더 긴 500~1,000년 뒤를 보면, 어느 집단에서든 약독성 바이러스가 우세해진다.

이런 결과는 유행 초기 단계부터 에이즈를 연구해온 야프 고우즈미트(Jaap Goudsmit, 1951~) 등의 연구 결과와도 잘 부합한다.

서구 사회에서 에이즈가 유행하기 시작한 1980년대 전반부터 신규 감염이 정점을 찍은 1990년대에 이르기까지 암스테르담의 남성 동성애자들을 대상으로 추적 연구를 실시한 적이 있다. 에이즈의 평균 잠복 기간은 동성애자 간의 신규 감염이 정점을 맞았던 1980년대 후반에 가장 짧았고, 그 전후의 시기에 길어졌다.

1980년대 초, 암스테르담의 젊고 성적으로 활발한 동성애자들은 하루에 여러 명, 또는 1년에 100명이 넘는 파트너와 성적인 관계를 갖곤 했다. 연간 신규 감염률은 8퍼센트나 됐고, 남성 동성애자들 사이에서는 항문 성교를 통해 빈번하게 바이러스가 전파됐다. 이런 빈번한 바이러스 전파는 독성이 높은 바이러스가 퍼지는 데 기여했을 가능성이 있다. 전환점은 바이러스 교환을 억제하는 안전한 섹스를 권장하는 캠페인이 성공을 거둔 1980년대 중반이었다. 이후 남성 동성애자들 사이에서 HIV 유행은 완만해졌고, 평균 잠복 기간도 연장됐다.

강독성 HIV는 그 높은 감염력과 치사율, 짧은 잠복 기간 등으로 숙주를 완전히 소모시킨다. 즉, 새로운 숙주가 끊이지 않고 공급되는 환경에서만 생존이 가능한 것이다. 바꿔 말하면, 감염자와 비감염자 간의 접촉 빈도가 저하되면 강독성 바이러스는 그 자신이 지닌 '강독성'이라는 성격 때문에 소멸하게 된다.

그리고 장기적으로 보면, 강독성 바이러스가 그 생존의 기반이 된 숙주 집단(HIV 감염 측면에서 보자면 성적 교류가 활발한 집단)과 함께 소멸해감에 따라 상대적으로 잠복 기간이 길고 감염률과 치사율이 낮은 약독성 바이러스가 우세해진다. 이런 과정을 거치며 바이러스와 사람 사이에 일종의 안정된 관계가 구축되는 것이다.

바이러스가 숙주를 돕는다?

아프리카 녹색원숭이의 SIV(원숭이 면역 결핍 바이러스)가 그 실례라 할 수 있다.

HIV와 근연 관계에 있는 SIV는 아프리카 녹색원숭이들을 수천 년, 수만 년에 걸쳐 감염시켰다. 지금은 숙주에게 에이즈를 일으키지 않으나, 과거에는 에이즈를 발병시켰을지도 모른다. 아프리카 녹색원숭이가 처음 SIV와 조우했을 때 감염된 개체의 대다수가 사망했을 가능성도 부정할 수 없다. 감염 뒤에 살아남은 소수의 수컷과 암컷이 자손을 낳고, 다시 그 자손들 중에 감염에서 살아남은 소수가 자손을 남기면서 아프리카 녹색원숭이들은 바이러스와 공생할 수 있는 숙주로 진화했을지도 모른다.

이번엔 병원체의 입장에서 보자. 어떤 병원체가 처음으로 감수성을 지닌 숙주를 만난다면, 당연히 그 초기 적응은 완전하지 못하기에 오랜 시간에 걸쳐 서서히 적응해갈 것이다. 병원체는 특정 숙주에서 다른 숙주로 감염을 거듭하는 가운데 틀림없이 숙주 체내에서 그 총량을 서서히 늘려갔을 것이다. 적응이 불완전할수록 바이러스는 체내의 총량을 높은 수준으로 유지하면서 숙주로부터 받는 도태 압박을 견뎌내려 하기 때문이다. 그 결과 에이즈가 발병한다는 가설이 있다. 가설에 따르면, 일단 적응하면(안정되면-역주) 더는 도태 압력을 받지 않게 된다. 숙주에게 질병을 일으키는 것은 바이러스 자신의 생존에도 불리하다. 그 때문에 최종적으로는 바이러스가 숙주와 안정된 관계를 구축해나간다는 것이다.

게임이론이나 '진화적으로 안정된 전략' 개념을 생물학에 적용해 20세기의 생물학에 큰 영향을 끼친 존 메이너드 스미스(John Maynard Smith, 1920~2004)는 한 발 더 들어가 만일 병원체와 숙주가 개별적으로 생존할 수 있다면 자연선택은 틀림없이 각자에 대해 '이기적'으로 작동하겠지만, 바이러스같이 숙주의 존재 없이는 생존할 수 없는 병원체에게 가해지는 선택 압력은 최종적으로 숙주가 환경에 더 잘 적응하게

끔 이끈다고 설명했다. 안정된 관계가 되는 것 이상으로 바이러스의 존재가 숙주의 환경 적응성을 높인다는 것, 즉 숙주 자신의 생존 가능성을 높일 수 있다는 것이 스미스의 주장이었다.

적응의 한계

완전한 적응은 있을 수 없다. 환경이 바뀌면 이전 환경에 적응한 것은 거꾸로 새 환경에 대한 부적응으로 귀결된다. 그 진폭은 적응을 잘하면 잘할수록 커진다. 말라리아에 대한 진화적 적응인 낫 모양 적혈구 빈혈증은 지나친 적응의 예시라 할 수 있다. 지나친 적응으로 인한 부작용은 사회문화적 적응에서도 찾아볼 수 있다. 수렵(사냥)을 너무 잘하면 생태계의 균형이 무너진다. 목축이 너무 잘 돼도 목초지가 황폐해진다.

특정한 종류의 적응이 짧은 번영과 그 뒤의 기나긴 고난을 초래하는 것은 어째서일까? 감염병과 인류의 관계에 대해서도 같은 얘기를 할 수 있지 않을까?

병원체의 근절은 어쩌면 지나친 '적응'이라 할 수 있지 않을까? 감염병이 근절되면 과거 감염병에 대한 저항력을 만들었던 유전자도 함께 도태된다. 장기적으로 이는 인류에게 무시할 수 없을 정도로 커다란 영향을 미칠 수 있다.

역사가 윌리엄 맥닐은 '대참사의 보전(保全)'이라는 얘기를 한다. 그는 인류의 노력이 초래한 아이러니의 예로 미 육군 공병단이 시도했던 미시시피강 통제의 역사를 든다. 미시시 피강은 봄마다 범람해 그 유역을 홍수로 뒤덮었다. 1930년 대가 되자 미 육군 공병단은 제방을 쌓아 미시시피강을 봉 쇄하려 했다. 그 덕분에 매년 되풀이되던 홍수는 멈췄다. 그 러나 매년 강바닥에 진흙이 축적됐고, 제방도 그에 따라 높 아져갔다.

제방 쌓기는 지금도 계속되고 있다. 그러나 이 강이 지상 100미터 높이에서 흐를 순 없을 것이다. 머지않아 높아진 제 방이 무너지는 대참사가 일어날 테고, 그때가 되면 제방 건 설 이전에 일어났던 홍수 따위와는 비교도 할 수 없는 엄청 난 피해가 발생하게 된다.

중국에서도 꼭 같은 일이 기원전 800년 무렵 황허강 유역 에서 일어났다. 황허강이 제방을 무너뜨리고 바다로 갈 수 있는 가장 가까운 길을 찾을 때마다 광대한 영역이 홍수로 뒤덮였다.

마찬가지로 감염병이 없는 사회를 만들려는 노력은 파멸적인 비극의 막을 열기 위한 준비 작업이 될지 모른다. 대참사를 되풀이하지 않으려면 '공생'적 사고가 필요하다. 중요한 것은 이제껏 이뤄진 적응들이 하나같이 결코 '기분 좋다고는 할 수 없는' 타협의 산물이었으며, 어떤 적응도 완전하고 최종적인 것은 있을 수 없다는 점을 이해하는 것이리라. 기분 좋은 적응은 다음에 올 비극의 시작에 지나지 않을 것이므로.

공생의 비용

21세기에는 '공생'에 토대를 둔 의학이나 감염병학을 구축할 필요가 있다고 생각한다. 그러나 공생은 그것을 위한 코스트(비용), '공생 코스트'가 필요하다. 비유하자면, 그것은 '미시시피강의 제방 건설 이전에 매년 일어났던 홍수'일지도 모르겠다.

　마찬가지로 우리 눈앞에는 높은 치사율을 보이는 감염병이 있다. 숙주인 인간과 아직 안정된 관계를 구축하지 못한 병원체도 많다. 의사로서, 의학에 종사하는 자로서 그런 병원체 때문에 죽어가는 생명을 못 본 체 지나칠 순 없다. 제방을 만들어 연례 홍수를 막는 것처럼, 우리는 그 비극에 대처하기 위한 의학·의료 기술을 부분적으로나마 이미 손에 넣었기 때문이다.

한편 그렇게 쌓아올린 것이 어쩌면 대참사로 이어질지도 모른다는 사실 역시 우리는 알고 있다.

이런 문제에 대처하기 위한 처방전을 지금의 우리는 갖고 있지 않다. 그럼에도 '공생'이 장차 나아가야 할 큰길임을 확신한다. 다만 그 때문에 대가를 지불하게 될 개인이 있을 때 우리는 이 문제에 어떻게 대처해야 할까?

어느 한쪽이 정답이라고 생각하진 않는다. 적응에 완전한 것이 없는 것처럼 공생 역시 아마도 '기분 좋다고는 할 수 없는' 타협의 산물로 보고 모색할 수밖에 없는 것인지도 모른다. 그리고 그것은 21세기를 살아가는 우리에게 커다란 도전이기도 하다.

홍역 유행 시뮬레이션과 집단면역 실현 가능성

서문에서 이야기한 홍역 유행의 모델 계산, 집단면역과 평균 감염 연령의 관계에 대해 보충하려 한다.

패로 제도에서 일어난 유행을 재현하다

인구를 7,800명, 잠복 기간을 10일, 감염성을 갖는 기간을 12일, 기본재생산수를 14로 해서 단순화시킨 홍역 유행의 수리 모델을 만들었다.

기본재생산수란 감염력의 크기를 나타내는 수치다. 한 사람의 감염자가 감수성을 지닌(면역력을 갖지 않은) 사람들의 집단에 들어갔을 때 평균적으로 몇 명이 감염되는지를 나타낸다. 선행 연구를 토대로 홍역의 기본재생산수를 14로 잡았다.

1846년의 유행에서는 사망자가 적었으므로 홍역에 의한 사망은 없는 것으로 했고, 홍역은 강력한 면역력을 주기 때문에 한번 감염된 사람은 다시 감염되지 않으며, 이전의 홍역 유행 이후 65년 이상 유행이 없었기 때문에 주민들은 모두 면역력이 없고, 주민들의 평균수명은 45세인 것으로 가정했다.

결과를 그림 1과 같이 표시했다. 유행 개시로부터 30일이 지나자 감염자 수가 정점에 도달했는데, 그 시점의 감염자 수는 950명(주민의 약 12퍼센트) 정도였다. 최종적으로 약 6,900명(주민의 약 88퍼센트)이 감염됐고, 약 60일 뒤 유행은 끝났다.

집단면역

감염이 퍼지면 면역력을 획득하는 사람의 비율이 증가한다. 면역력을 획득한 사람의 비율이 어느 정도까지 늘어야 감염병 유행이 억제될까?

홍역의 기본재생산수가 14라면, 아무도 면역력을 갖지 않은 단계에서, 최초의 감염자는 평균적으로 다른 열네 명에

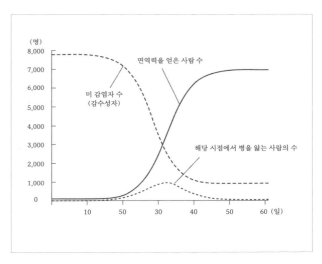

(명)

면역력을 얻은 사람 수

미 감염자 수
(감수성자)

해당 시점에서 병을 앓는 사람의 수

그림 1. 홍역 유행의 재현

게 홍역을 감염시킨다. 만일 집단의 50퍼센트가 면역력을
획득했다면 평균 2차 감염자 수는 반수인 일곱 명이 된다.
90퍼센트의 사람들이 면역력을 획득했다면 감염자 수는 1.4
명이 된다.

　이 계산대로라면, 93퍼센트 이상의 사람들이 면역력을 획
득했을 때 평균 2차 감염자 수가 1 미만이 된다는 걸 알 수
있다.

평균 2차 감염자 수가 1 미만이면 설사 소규모의 감염이 일어난다 해도 그 유행은 금방 끝난다. 집단면역 보유자의 비율이 감염병의 유행을 예방하기에 충분할 만큼 높을 때, 그 집단은 '집단면역'을 가졌다고 말한다.

기본재생산수가 높을수록 집단면역을 획득하기 위해 필요한 면역 보유자의 비율도 높아진다. 이런 계산이 탁상공론처럼 느껴질지도 모르지만 WHO가 추진한 천연두 근절 계획도 이 같은 발상에 기초를 두고 있었다.

역학적으로 또 하나 중요한 것이 있다. 특정 집단 내에 다른 성격의 소집단들이 존재하고, 소집단 사이에 기본재생산수가 다를 경우, 평균으로서의 기본재생산수를 얘기하는 것은 의미가 없다는 사실이다.

평균 감염 연령

기본재생산수=1 + 평균수명/평균 감염 연령

감염력의 크기와 평균 감염 연령 사이에는 일반적으로 위와 같은 근사식이 성립된다. 기본재생산수를 14, 평균수명을

80세로 하면, 평균 감염 연령은 6세가 된다. 이것은 우리가 실제로 체감하는 평균적인 홍역 감염 연령에 가깝다.

평균수명이 같은 사회에서는 감염력이 클수록(기본재생산수가 클수록) 감염되는 연령이 낮아진다. 즉, 감염력이 크면 감수성을 지닌 신규 사회 구성원은 사회에 참여하는 것과 동시에 감염될 가능성이 크고, 반대로 감염력이 약하면 감염에 노출되는 빈도가 낮아지면서 감염 연령은 상승하게 된다.

집단으로 백신을 접종했을 때의 효과, 그리고 '소아 감염병'이 성인들 사이에서 유행하는 현상에 대한 고찰은 이상과 같은 배경에 토대를 두고 있다.

후기를 대신해

이 책과 관련해 진보쵸(神保町)에 있는 이와나미쇼텐(岩波書店)에서 편집자 지바(千葉) 씨와 협의를 하던 중 좀 더 재미있는 자료를 찾아보자는 얘기가 나왔다. 그래서 나는 간다(神田)의 고서점들을 돌아다녔다. 잇세이도(一誠堂), 메이린칸(明倫館)을 들여다보고 기타자와쇼텐(北澤書店) 2층 양서부로 올라갔을 때, 돌연 발밑이 크게 두 번 흔들린다 싶더니 서가의 책들이 소리를 내며 떨어졌다. 2011년 3월 11일 오후 2시 46분(동일본 대지진이 발생한 시각―역주)이었다.

수도권에서는 열차 운행이 모두 정지됐고, 그날 밤 도쿄

거리는 귀가하는 사람들로 넘쳐났다.

진원은 오시카반도(牡鹿半島) 동남동쪽 약 130킬로미터, 깊이 약 24킬로미터 지점. 태평양판과 북아메리카판의 경계 지역에서 매그니튜드 9.0의 해구형 지진이 일어났다. 후쿠시마, 미야기, 이와테 등 태평양 연안에 위치한 동북 지방 3개 현이 지진으로 발생한 쓰나미에 괴멸적인 피해를 입었다.

나는 지진 직후 재난 지역으로 들어가 긴급 지원 활동을 개시했다.

그러던 중 어느 맑게 갠 날의 오후, 해안으로 나가봤다. 파괴된 제방의 상흔은 처참했고 철교는 형체도 없이 무너져 있었다. 꺾이고 휘어진 철로는 태양 아래 붉게 녹슬어 있었다. 하늘은 정말 푸르렀고, 바다는 너무나도 파랬다. 평온한 수면에서는 철새가 날개를 쉬고 있었다. 바람이 불었다. 파도 소리에 놀랐을까, 철새가 일제히 날아올랐다. 수면에 물결이 일었다.

한없이 평화로운 광경이었다. 이것이 지진이나 쓰나미를 불러일으킨 그 행성의 운행방식이라니, 현기증을 느꼈다.

이 책에서 난 '공생이란 이상적인 적응이 아니며 결코 기분 좋다고는 할 수 없는 타협의 산물일지도 모른다'고 했다.

기분 좋지 않은 타협의 산물이라 해도 공생 없이는 우리 인류의 미래도 없다고 믿는다. 지구환경에 대해서든, 사람 이외의 생물이 만들어내는 감염병에 대해서든. 그런 바탕 위에서 인류 사회의 미래를 구상하고 싶다고, 그때 바다를 바라보면서 다시금 생각했다.

이 책은 구상한 지 약 2년의 세월을 거쳐 완성했다.

그 세월 동안 2010년 1월에는 아이티의 수도 포르트프랭스에서 지진이 일어났다. 나도 지진 직후 국제 긴급 원조대의 일원으로 현지에 들어갔다. 25만 명이 넘는 사망자와 300만 명 가까운 피해자를 낸 아이티에서는 극한에 가까운 상황에서 2주간의 지원활동이 이뤄졌다.

2003년부터 2004년까지, 스무 명이 되지 않는 아이티 주재 일본인 중 한 사람으로서 그 땅에서 산 적이 있다. 여러 기억이 되살아났다. 구름 한 점 없는 푸른 하늘에 군용 헬기가 날고 있었다. 예전에 살았던 아파트는 완전히 무너졌다.

같은 해 12월에는 그 땅을 덮친 콜레라에 대처하기 위해 다시 아이티를 방문했다. 콜레라 유행으로 30만 명 가까운 사람들이 감염되고 1만 명이 사망했다. 반기문 유엔 사무총장은 전 세계를 향해 긴급성명을 내고 지원을 호소했다.

그 직전인 9월 20일에는 젊은 벗이 세상을 떠났다. "치료는 길고 힘든 시간이 될 거라 생각합니다. 몇 년이 걸릴지 모릅니다만 반드시 귀환할 테니 그때 다시. 몸조심하시고, 더욱더 활약해주시기를 기원합니다(무균실에서)"라는 말을 남기고. 43세라는 너무 이른 나이였다.

가나, 케냐 등 아프리카에서 일하면서 '아프리카'를 좋아했던 그대를 보내는 추도식에서는 사다 마사시(さだまさし, 1952~)가 부르는 〈바람 속에 선 사자〉가 흐르고 있었다. 빅토리아호의 아침놀, 100만 마리의 플라밍고로 어두워지는 하늘, 킬리만자로의 눈, 어둠 속에서 터져 나오는 기도, 격렬한 리듬, 남십자성, 하늘 가득한 별, 은하수…. 아프리카의 대자연 속에서 그대는 바람이 된 것일까. 마지막까지 싸우는 것을 우리에게 가르쳐주고.

노래의 모델이 된 의사는 이 곡이 수록된 앨범에 다음과 같은 글 한 줄을 보탰다. "이 노래는 현대인의 건강하지 못한 마음 때문에 과도하게 불어난 혼의 지방(脂肪)을 경고하는 것처럼 들린다."

현재를 살아가는 것에 우쭐해 있는 게 아닐까. 그렇다면 지금도 그리고 앞으로도 면목이 없다. 그런 마음이 나를 아이티로, 그리고 지진 직후의 동북 지방으로 달려가게 했을 것이다.

이누카이 미치코(犬養道子) 씨의 책 《인간의 대지》 마지막에는 성경 《로마서》에서 인용한 구절이 나온다. "대저 만물은 진통의 고통 속에 몸부림치면서 사람의 아들들(인간)의 화해를 기다린다…."

이 책을 쓰면서 많은 분의 도움을 받았다. 감사드린다. 먼저 나가사키 대학 열대의학연구소 국제보건학 분야에서 함께 일한 동료들. 그들에게 감사의 마음을 전하고 싶다. 하루하루 이어진 연구와 교육, 실천을 통한 논의는 이 책의 중심 사상을 형성하는 데 큰 역할을 수행했다.

비서로서 연구실을 떠받쳐준 사키야 쿄코(崎谷恭子) 씨, 시로이시 사츠키(白石さつき) 씨, 하야시 아키코(林暁子) 씨에게도 진심으로 감사드린다. 자료 정리 작업, 그리고 무엇보다 예측할 수 없을 정도로 자주 바뀌는 내 일상은 그녀들의 지지 없이는 하루도 무사히 넘어갈 수 없었을 것이다.

그리고 연구보조원인 후지이 히데후미(藤井秀文) 군, 에자키 타쿠야(江崎拓也) 군, 오키 미카(大木美香) 씨 등에게는 논문의 수집과 정리, 감염 수리 모델 계산 등으로 신세를 졌다.

나가사키 대학 칸타미네 시게루(片峰茂) 총장님, 그리고 보트부 고문인 니와 마사미(丹羽正美) 선생님 등 오랜 은사 두 분은 언제나 나를 격려해줬다. 이 자리에서 다시 한 번 감사의 뜻을 표하고 싶다.

마지막으로, 이와나미쇼텐 신서부의 치바 카츠히코(千葉克彦) 씨에게 진심으로 감사드리고 싶다. 치바 씨가 없었다면 이 책은 나올 수 없었을 것이다. 최초의 독자로서 좋은 이해자이자 좋은 비평가였던 치바 씨는 개념적, 독선적으로 빠졌을지 모를 논의를 정리하고, 가야 할 길을 제시해줬다. 그것이 막연했던 문제의식을 명확한 형태로 이끌어가는 데 필요한, 다른 무엇으로도 대체하기 어려운 통찰을 안겨줬다. 진심으로 감사를 드린다.

2011년 5월 5일 단오절 날 스기나미의 자택에서

야마모토 타로

참고문헌

서문

- Andrewes, Sir C., Viruses of vertebrates, Williams and Wilkins, Baltimore, 1964.

- Bech, V., Measles epidemics in Greenland 1951-1959, *American J. of Diseases of Childhood*, 103: 252, 1962.

- Cockburn, T. A., Infectious diseases in ancient populations, *Current Anthropology*, 12: 45-62, 1971.

- Panum, P.L., Observations made during the epidemic of measles on the Faroe Islands in the year 1846, American Publishing Association, New York, 1940.

제1장

– 니컬러스 웨이드(Nicholas Wade), 《5만 년 전-그때 인류의 장대한 여행이 시작됐다(5万年前-このとき人類の壮大な旅が始まった)》, 누마지리 유키코(沼尻由紀子) 옮김, 이스트 프레스(イースト・プレス), 2007.

– 오츠카 류타로(大塚柳太郎)·키토 히로시(鬼頭宏), 《지구 인구 100억의 세기(地球人口100億の世紀)》, 웻지(ウェッジ), 1999.

– Black, F. L., Infectious diseases in primitive societies, *Science*, 187(4176): 515-518, 1975.

– Bodian, D., Emerging concepts of poliomyelitis infections, *Science*, 122: 105-108, 1955.

– Cockburn, T.A., 앞의 글.

– Dolman, C. E., Botulism as a world health problem, in *Botulism: proceedings of a symposium*, K. H. Lewis and K. Cassel eds., 1964.

– Gutierrez, M. C. et al., Ancient origin and gene mosaicism of the progenitor of *Mycobacterium tuberculosis*, *Plos pathogen*, 1(1): 55-61, 2005.

– Hayakawa, T. et al., Big bang in the evolution of extant malaria parasites, *Mol. Biol. Evol.*, 25(10): 2233-2239, 2008.

– Howell, F. C. and Bouliere, F. eds., African ecology and human evolution, Aldine De Gruyter, New York, 2007.

- Howell, N., Demographic anthropology, *Annual Review of Anthropology*, 15: 219-246, 1986.

- Jelliffe, D. B. et al., The children of the Hadza hunters, *Tropical Pediatrics*, 60: 907-913, 1962.

- Lieban, R. W., Medical anthropology, in *Handbook of Social and Cultural Anthropology*, J. J. Hanigmann ed., 1031-1072, Rand McNally, Chicago, 1973.

- Rich, S. M. et al., The origin of malignant malaria, *PNAS*, 106(35): 14902-14907, 2009.

- Simmons, I. G., Changing the face of the earth: culture, environment, history, Blackwell, Oxford, 1996.

- Steverding, D., The history of African trypanosomiasis, *Parasites and Vectors*, 1: 3, 2008.

제2장

- 빌헬름 아벨(W. Abel), 《농업 공황과 경기 순환-중세 중기 이래의 중부 유럽 농업 및 인구 부양 경제의 역사(農業恐慌と景気循環-中世中期以来の中欧農業及び人口扶養経済の歴史)》, 테라오 마코토(寺尾誠) 옮김, 미라이샤(未來社), 1972.

- 카와키타 지로(川喜田二郎), 《일본문화탐험(日本文化探検)》, 고단샤분코(講談社文庫), 1973.

– 윌리엄 H. 맥닐(William H. McNeill), 《역병과 세계사(疫病と世界史)》, 사사키 아키오(佐々木昭夫) 옮김, 신초샤(新潮社), 1985.

– 무라카미 요이치로(村上陽一郎), 《페스트 대유행–유럽 중세의 붕괴(ペスト大流行-ヨーロッパ中世の崩壊)》, 이와나미쇼텐, 1983.

– Boelaert, M. et al., The poorest of poor: a poverty appraisal of households affected by visceral leishamaniasis in Bihar, India, *Tropical Medicine and International Health*, 14(6): 639-644, 2009.

– Donoghue, H. D. et al., Co-infection of *Mycobacterium tuberculosis and Mycobacterium leprae* in human archaeological samples: a possible explanation for the historical decline of leprosy, *Proc. Biol. Sci*, 272(1561): 389-394, 2005.

– Durand, J. D., Historical estimates of world population: an evolution, *Population and Development Review*, 3(3): 253-296, 1977.

– Hall, A. J., A lady from China's past, *The National Geographic*, 145: 660-681, 1974.

– Langer, W. L., The black death, *Scientific American*, 210(2): 114-121, 1964.

– Livi-Bacci, M., A concise history of world population, Blackwell, Cambridge, 1992.

- Morelli, G. et al., Yersinia pestis genome sequencing identifies patterns of global phylogenetic diversity, *Nat. Genet.*, 42(12): 1140-1143, 2010.

- Russell, J. C., Late ancient and medieval population, *Transactions of the American Philosophical Society*, 48(3): 1-152, 1958.

제3장

- 재러드 다이아몬드(Jared Diamond), 《총 균 쇠(銃・病原菌・鉄)》, 쿠라호네 아키라(倉骨彰) 옮김, 소시샤(草思社), 2000.

- 로버트 S. 데소위츠(Robert S. Desowitz), 《콜럼버스가 가져온 질병-바다를 넘은 바이러스, 세균, 기생충(コロンブスが持ち帰った病気-海を越えるウイルス, 細菌, 寄生虫)》, 후루쿠사 히데코(古草秀子) 옮김, 쇼에이샤(翔泳社), 1999.

- Bleakley, H., Disease and development: evidence from the American South, *J. of European Economic Association*, I, 376-386, 2003.

- Wolf, S. and Goodell, Hχ, Stress and disease, 2nd ed., Charles C. Thomas, Springfield, Illinois, 1968.

제4장

- 오쿠노 카츠미(奧野克巳), 《제국 의료와 인류학(帝国医療と人類学)》,

슌푸샤(春風社), 2006.

- 그레고리 클라크(Gregory Clark), 《10만 년의
  세계경제사(10万年の世界経済史)》, 쿠보 에미코(久保恵美子) 옮김,
  닛케이 BP샤(日経 BP社), 2009.

- 시마다 요시히토(嶋田義仁), 《목축 이슬람 국가의
  인류학(牧畜イスラーム国家の人類学)》, 세카이시소샤(世界思想社), 1995.

- Curtin, P., Disease and Empire: the health of European troops
  in the conquest of Africa, Cambridge Univ. Press, 1998.

- Johnson, N. and Mueller, J., Updating the accounts: global
  mortality of the 1918-1920 "Spanish" influenza pandemic,
  Bulletin of the History of Medicine, 76, table 1-5, 2002.

- Patterson, K. D. and Pyle, G. F., The diffusion of influenza in
  sub-Saharan Africa during the 1918-1919 pandemic, *Soc. Sci.
  Med.*, 17(17): 1299-1307, 1983.

- Steverding, D., 앞의 글.

제5장

- Edelstein, S. J., The sickled cell: from myths to molecules,
  Harvard Univ. Press, Cambridge, Massachusetts, 1986.

- Hawass, Z. et al., Ancestry and pathology in King
  Tutankhamun's family, *JAMA*, 303(7): 638-647, 2010.

– Livingstone, F. B., Anthropological implications of sickle cell gene distribution in West Africa, *American Anthropologist*, 60: 533-562, 1958.

– Miller, M. J., Industrialization, ecology and health in the tropics, *Canadian J. of Public Health*, 64: 11-16, 1973.

제6장

– 야프 고우즈미트(Jaap Goudsmit), 《에이즈-바이러스의 기원과 진화(エイズ-ウイルスの起源と進化)》, 야마모토 타로(山本太郎) 옮김, 학회출판센터(学会出版センター), 2001.

– 로리 개릿(Laurie Garrett), 《커밍 플레이그(カミング・プレイグ)》, 노나카 코이치(野中浩一)·오니시 마사오(大西正夫) 옮김, 가와데쇼보신샤(河出書房新社), 2000.

– Albert, R. et al., Error and attack tolerance of complex networks, *Nature*, 406: 378-382, 2000.

– Bermejo, M. et al., Ebola outbreak killed 5000 gorillas, *Science*, 314(5805): 1564, 2006.

– Eguchi, K. et al., Human T-Lymphotropic virus Type 1(HTLV-1) genetic typing in Kakeroma Island, an island at the crossroads of Ryukyuans and Wajin in Japan, *J. of Med. Virol.*, 81: 1450-1456, 2009.

– Leroy, E. M. et al., Fruit bats as reservoirs of Ebola virus,

Nature, 438: 575-576, 2005.

– Oshima, K. et al., A further insight into the origin of Human T-Lymphotropic virus Type 1 (HTLV-1) in Japan, *Tropical Medicine and Health*, 37(3): 121-123, 2009.

– WHO, Acute respiratory syndrome, China, Hong Kong Special Administrative Region of China, and Viet Nam, *Weekly Epidemiol Rec.*, 78(11): 73-74, 2003.

맺음말

– 스티븐 모스(Stephen S. Morse) 편저, 《돌발 출현 바이러스(突発出現ウィルス)》, 사토 마사히코(佐藤雅彦訳), 가이메샤(海鳴社), 1999.

– 프랭크 라이언(Frank Ryan), 《파괴하는 창조자(破壊する創造者)》, 나츠메 다이(夏目大) 옮김, 하야카와쇼보(早川書房), 2011.

– Keet, I. P. et al., Temporal trends of the natural history of HIV-1 infection following seroconversion between 1984 and 1993, *AIDS*, 10(13): 1601-1602, 1996.

– Margulis, L. and Fester, R., Symbiosis as a source of evolutionary innovation, MIT Press, Cambrigde, 1991.

– Veugelers, P. J. et al., Determinants of HIV disease progression among homosexual men registered in the tricontinental seroconverter study, *Am. J. Epidemiol.*, 140: 747-758, 1994.

찾아보기

사피엔스와 바이러스의 공생

코로나 시대에
새로 쓰는 감염병의 역사

야마모토 타로 지음
한승동 옮김

초판 1쇄 2020년 11월 1일 발행

ISBN 979-11-5706-205-8 (03100)

만든사람들

기획편집	한진우
편집도움	박준규
디자인	this-cover.com
마케팅	김성현 김규리
인쇄	천광인쇄

펴낸이	김현종
펴낸곳	(주)메디치미디어
경영지원	전선정 김유라
등록일	2008년 8월 20일 제300-2008-76호
주소	서울시 종로구 사직로 9길 22 2층
	(필운동 32-1)
전화	02-735-3308
팩스	02-735-3309
이메일	medici@medicimedia.co.kr
페이스북	facebook.com/medicimedia
인스타그램	@medicimedia
홈페이지	www.medicimedia.co.kr